우리는 왜 음악을 듣는가

일러두기

· 단일 악장·가곡 등 개별 작품은 〈 〉, 오페라·칸타타·교향곡·음반·영화 등 대규모 독립 작품은
《 》, 소설·수필·희곡 등 도서 및 문학 작품은 『 』로 표기하였습니다.

· 인물의 이름은 일상적으로 통용되는 표현으로 표기하였습니다.

· 본문 사이에 '추천 음악'으로 삽입된 곡들은 QR코드를 통해 유튜브로 감상하실 수 있습니다.

· 참고한 자료의 출처는 본문 뒤편 '참고 문헌'에서 찾아보실 수 있습니다.

우리는
왜 음악을 듣는가

전기홍 지음

삶을 연주하는 인문학 교향곡

상상출판

연주를
시작하며

오랜 세월 음악을 연주하고, 가르치고, 사람들과 나누는 일을 해 왔습니다. 연주자로 무대 위에 섰고, 대학에서 학생들과 함께 음악의 본질을 탐구하기도 했으며, 예술 중·고등학교의 교장으로서 청소년 예술 교육의 최전선을 지켜봤습니다.

이 모든 시간을 지나며 하나의 진실을 깊이 깨달았습니다. 음악은 단지 듣고 즐기는 대상이 아니라 삶을 붙들어 주는 언어이자 감정과 존재를 지탱하는 보이지 않는 힘이라는 사실입니다. 이 깨달음은 저의 청소년 시절의 한 경험에서 비롯되었습니다.

우연히 교회에서 들었던 한 노래가 있었습니다. 가사의 뜻조차 알지 못했지만 그 선율은 제 마음을 강하게 흔들었습니다. 이유도 모른 채 눈물이 흘렀고 그 순간의 감동은 오래도록 제 안에 남아 있었습니다. 언젠가 그 노래를 제대로 부르고 싶다는 작은 열망이 제 삶의 방향을 바꾸어 놓았습니다. 그때부터 음악은 늘 곁에서 저를 이끄는 동반자가 되었습니다.

슬픈 날에는 한 곡의 선율이 다시 일어서도록 도왔고 지친 순간에는 숨결 같은 리듬이 발걸음을 일으켜 세웠습니다. 음악은 언제나 곁에서 조용히 힘이 되어 주며 삶을 지탱해 주는 보이지 않는 동반자였습니다.

사람들은 음악을 사랑합니다. 기쁠 때나 슬플 때, 무심히 흘러가는 일상 속에서도 우리는 늘 음악과 함께하길 원합니다. 그러나 음악의 역할은 단순히 감정을 달래는 데 그치지 않습니다. 음악은 기억을 소환하고 정서를 형성하며 사고의 틀을 구축합니다. 또한 무의식 깊은 층까지 영향을 미칩니다.

특히 어린 시절 어떤 음악과 함께 성장하느냐는 한 인간의 내면 세계를 형성하는 데 결정적인 역할을 합니다. 자장가와 동요처럼 어린 시절 귀에 스며든 선율은 평생을 따라다니며 우리의 정서를 빚습니다. 그러나 오늘날 우리의 음악 환경은 다양성과 균형보다는 즉각적인 감정 자극과 소비를 중심으로 흘러가고 있습니다.

플레이리스트는 점점 짧아지고, 도입부 몇 초 안에 청중의 마음을 사로잡지 못하면 곧바로 다음 곡으로 넘어가는 시대입니다. 음악이 마음에 머물며 위로하는 언어라기보다는, 손가락 한 번의 터치로 소비되는 소모품처럼 여겨지기도 합니다. 깊이 머무는 대신 스쳐 지나가는 것에 익숙해졌습니다. 그래서 음악이 품은 더욱 깊고 광활한 세계를 경험하지 못한 채 어른이 되곤 합니다.

바로 이 지점에서 이 책은 출발합니다. 음악을 단순히 해설하거나 이론으로 분석하는 것이 아니라, 음악이 어떻게 마음을 돌보고 삶을 지탱하는 힘이 되는지를 함께 살펴보고자 했습니다. 정답을 제시하는 교과서보다는 음악 속을 함께 거니는 길잡이 역할을 하는 데 목적을 두었습니다. 때로는 깊은 사유로 이끌고, 때로는 발걸음을 잠시 멈춰 서게 하는 동반자가 되고자 합니다. 나아가 이 책을 읽는 경험이 마치 하나의 아름다운 음악을 듣는 것과 같은 경험이 되면 좋겠습니다.

음악은 단순한 취향이나 감상의 영역이 아닙니다. 인간의 마음을 움직이고 문화를 반영하며 삶을 표현하는 오래된 언어입니다. 그리고 그 언어는 지금도 여전히 생동하고 있습니다.

이 책은 음악이라는 창을 통해 우리가 무엇을 느끼고 어떻게 사고하며 살아가는지를 들여다보는 인문학적 여정입니다. 마치 하나의 교향곡처럼 유기적으로 이어지도록 구성했습니다. 감정에서 소리의 질서로, 문

화의 다양성에서 삶의 본질로 연결되는 20개의 인문학 강의가 음악의
자연스러운 흐름에 따라 배치되어 있습니다.

음악을 전공했지만 그 본질을 다시 돌아보고 싶은 분들, 그리고 음악을
통해 삶의 깊이를 이해하고자 하는 모든 분들께 이 책이 작지만 든든한
나침반이 되기를 바랍니다.

음악은 때로 살아가는 힘이 됩니다.
지금 이 순간, 당신 곁에도 가만히 흐르는 음악 하나가 머물기를.
음악이 당신의 하루를 단단하고 따뜻하게 만들어 주기를 소망합니다.

2025년 여름
전기홍

목차

음악은 감정이다

빠르게

Allegro

감정을 흔들고, 기억을 깨우며, 취향을 빚는다

우리는 왜
음악을 좋아할까?

음악은 왜 늘 곁에 있을까?

음악은 언제나 우리 곁에 있다. 지하철에서, 카페에서, 길거리에서 ─ 우리는 하루에도 수십 번 음악과 마주친다. 그럼에도 우리는 자신만의 취향이 담긴 음악을 찾아 듣는다. 이미 주변에 음악이 충분히 흘러넘치는 세상 속에서도, 또다시 음악을 선택한다.

왜일까? 단순히 기분 전환을 위해서일까? 지루함을 달래려는 걸까?

그럴 수도 있다. 하지만 그런 이유만으로는 설명되지 않는 무언가가 있다. 때로 음악은 말없이 마음을 어루만지고, 잊고 있던 감정을 되살려 낸다. 말보다 먼저 가슴에 닿고 기억보다 더 오래 머릿속에 남는다.

그렇다면 우리는 왜 음악에 이토록 끌리는 걸까? 마치 없어서는 안 될 필수품처럼, 때로는 거부할 수 없는 본능처럼 음악을 찾는 이유는 무엇일까? 그리고 우리를 끌어당기는 음악의 신비로운 힘은 인간의 본질에 대해 무엇을 말해 주는가?

흥미롭게도 지금까지 발견된 모든 문명과 시대, 공동체에는 예외 없이 음악이 존재했다. 언어가 탄생하고 도구가 만들어질 때 음악 또한 시작되었다. 음악은 단순한 오락거리가 아니라 인간이 지닌 근본적인 특성이다.

이 책은 바로 이 물음에서 출발한다.
음악은 왜 이토록 우리를 사로잡는가?

4만 년 전, 누군가 피리를 불었다

2008년, 독일 남부의 한 동굴에서 고고학자들은 작고 가느다란 새 뼈 하나를 발견했다. 새 뼈의 표면에 일정한 간격으로 뚫린 구멍은 어떠한 무늬도 아니었고 자연이 새긴 흔적도 아니었다. 그것은 누군가의 손으로 정교하게 만든 피리였다.

탄소 연대 측정 결과, 피리는 약 4만 년 전 유럽의 후기 구석기 시대 사람들이 제작한 것으로 밝혀졌다. 바퀴나 문자가 발명되기 훨씬 이전, 인류가 집을 짓기도 전부터 누군가는 이미 음악을 만들고 있었다.

고고학자들은 피리를 복원하여 직접 불어 보았다. 놀랍게도 그 소리는 오늘날 동아시아와 켈트 민속 음악에서 들을 수 있는 5음계(도·레·미·솔·라) 구조를 지니고 있었다. 이는 피리의 구멍이 무작위로 뚫린 게 아니라 음의 조화를 염두에 둔 치밀한 설계가 있었음을 의미한다.

더욱 흥미로운 것은 이 피리가 동물 뼈와 도구 파편이 뒤섞인 그 시절 일상생활 폐기물 더미에서 발견되었다는 사실이다. 이를 통해 피리가 종교 의식이나 제사에 쓰인 특별한 도구가 아니라, 누군가의 평범한 일상 속에서 자연스럽게 사용되었다는 것을 추정할 수 있다.

뼛조각을 깎아 내고 그 안에 숨을 불어 넣어 소리를 빚던 한 사람.
4만 년 전, 그에게 음악은 과연 어떤 의미였을까?

어쩌면 우리는 말하기 전에 먼저 노래했고,
도구를 다루기 전에 먼저 소리에 귀를 기울였는지도 모른다.

오래된 피리는 바로 그 진실을 조용히 증언하고 있다.

▎▎▎▎ 추천 음악

볼프 하인(Wolf Hein) 〈구석기 시대 뼈피리 연주〉

 4만 년 전 독일 남부의 동굴에서 발견된 구석기 시대의 뼈피리를 복원한 후 연주하고 있다. 인류 최초의 악기 소리가 어떤 울림을 가졌을지 상상하게 한다.

숫자에서 발견한 조화 – 피타고라스

고대 그리스 철학자들 덕분에 음악은 감각의 세계를 넘어 숫자와 질서의 세계로 영역을 확장했다. 그중에서도 피타고라스는 음악에 담긴 수의 원리와 조화를 최초로 탐구한 인물로 전해진다.

어느 날 피타고라스는 대장간을 지나다가 망치질 소리 사이에 일정한 조화가 있다는 사실을 알아챘다. 무게가 서로 다른 망치에서 각각 다른 음이 난다는 사실에 주목한 피타고라스는 이를 계기로 소리와 수 사이의 관계를 밝히고자 했다.

물론 오늘날 우리는 망치의 무게만으로 소리의 높낮이가 정해지지 않는다는 사실을 안다. 이 이야기는 역사적 사실이라기보다는 피타고라스의 '조화에 대한 통찰'을 상징적으로 전하는 전설에 가깝다.

그러나 피타고라스가 제자들과 함께 줄(현)을 이용한 실험을 하여 실제로 수의 비례와 음정 사이의 관계를 밝혀 냈다는 기록은 신빙성이 있다.

피타고라스와 제자들은 길이가 서로 다른 줄을 팽팽하게 고정시켜 놓고 각각 퉁기며 나는 소리를 비교했다. 줄의 길이가 절반 정도 짧으면 한 옥타브 위의 소리가 났고, 3분의 2는 완전 5도, 4분의 3은 완전 4도에 해당하는 음정의 소리가 났다. 그들은 1:2, 2:3, 3:4 같은 단순한 정수 비율이 가장 안정적이고 조화로운 소리를 낸다는 사실을 확인했다.

음악이 감각적이고 주관적인 것으로 여겨지던 시대에 **음정과 하모니의 구조를 수학적으로 설명할 수 있다**는 놀라운 발견을 한 셈이었다. 이 발견은 이후 서양 음악 이론의 기초가 되었을 뿐 아니라 세상에 질서가 존재한다는 믿음과 연결되며 하나의 세계관으로 확장되었다.

피타고라스 학파는 음악을 세 가지로 구분했다. '천상의 음악'은 별과 행성의 운동이 만드는 소리, '인간의 음악'은 신체와 영혼의 조화, '도구의 음악'은 인간이 직접 연주하는 소리다. 피타고라스 학파는 이 세 가지 음악 모두 수의 비율에 따라 움직인다고 믿었다.

그들에게 음악은 세상의 구조를 듣고
인간의 내면을 조율하는 **철학적 도구**였다.

피타고라스는 수를 통해 음악을 이해했고
음악을 통해 우주를 이해하려 했다.

인격을 세우는 음악 – 플라톤과 아리스토텔레스

고대 그리스 철학자들은 음악을 단순한 오락이나 취미로 여기지 않았
다. 그들에게 음악은 감정을 다듬고 성품을 형성하며, 나아가 사회의
질서를 유지하는 데 꼭 필요한 도구였다. 플라톤은 『국가(Politeia)』에서
음악이 인간의 내면에 지속적으로 영향을 미친다고 강조했다. 플라톤
에 따르면 음악은 인간의 이성과 감정을 조율하는 수단이다.

신체는 체육으로 단련되고, 마음은 음악으로 조화를 이룬다.

플라톤은 특히 어떤 종류의 음악을 들어야 하는지에 대해 신중하게 고
려했다. 당시에는 리디아, 프리지아, 도리안 등 여러 '선법'이 있었다.
선법은 같은 음을 사용하더라도 어디서 시작하고 어디서 끝내는지, 그
리고 어떤 음을 중심으로 삼는지에 따라 음악의 색깔이 달라지는 음계
운용 체계였다. 각 선법마다 고유의 감정적 특성이 있다고 여겨졌다.
예를 들어 리디아 선법은 나약함과 슬픔을, 프리지아 선법은 용기와 활
기를, 도리안 선법은 절제와 균형을 나타낸다고 여겨졌다.

플라톤은 어떤 음악을 듣는지가 인간의 성격에 깊은 영향을 미친다고 보았다. 심지어 한 국가의 기질도 음악에 따라 달라질 수 있으며 통치자가 될 사람은 반드시 음악을 익혀야 한다고 주장했다. 좋은 음악을 듣고 꾸준히 익힌 사람만이 감정을 절제하고 이성의 판단을 따를 수 있기 때문이다.

아리스토텔레스도 『정치학(Politics)』에서 음악의 중요성을 거듭 강조했다. 아리스토텔레스에게 음악은 단순한 오락이나 즐거움의 예술이 아니라, **감정을 정화**하고(Catharsis) **인격을 형성**하는 도구였다. 기쁨이나 슬픔 같은 감정은 억누르거나 감추어야 할 대상이 아니라, 음악을 통해 표현되고 정리되어야 한다고 주장했다. 특히 음악 교육은 어린 시절부터 시작되어야 한다고 강조했다. 이처럼 아리스토텔레스는 음악을 감정 훈련의 수단이자 사회 구성원으로서의 도덕적 기초를 다지는 과정으로 보았다.

음악은 성품을 기르기 위해 배우는 것이다.
어릴 때부터 익숙해진 감정이 그 사람의 성격을 결정짓는다.

플라톤은 음악을 통한 이성과 감정의 균형을 추구했고, 아리스토텔레스는 음악이 감정을 해소하고 정리하는 힘에 주목했다. 철학적 관점은 달랐지만 두 사람 모두 음악이 인간을 형성하는 핵심 요소라는 데에는 동의했다.

어떤 음악을 듣고 자라는지가 곧 어떤 사람이 될지를 결정한다.
고대 철학자들에게 음악은 **인격을 만드는 하나의 방식**이었다.

음악은 질서를 만든다 – 공자

고대 중국에서 음악은 하늘과 인간, 자연과 사회를 잇는 중요한 매개체
였다. 음악을 어떻게 다스릴 것인가는 곧 사람의 마음과 나라의 질서를
어떻게 세울 것인가의 문제와 맞닿아 있었다. 공자는 『논어』와 『예기』
에서 음악의 중요성을 거듭 강조했다.

> 興於詩, 立於禮, 成於樂
> 시를 통해 감정을 깨닫고, 예를 통해 바른 길을 세우며,
> 음악을 통해 조화를 이룬다.

이 구절은 음악이 감정을 다스리고 사람을 완성하는 과정으로 여겨졌
음을 보여 준다. 공자에게 음악은 **도(道)를 실현하는 수단**이었다. 올바
른 음악은 사람의 마음을 고요하게 하고 성품을 단정하게 만든다. 또한
타인을 배려하고 스스로를 돌아보게 한다. 그래서 공자는 좋은 지도자
는 음악을 통해 백성의 마음을 살피고 나라의 풍속을 바로잡을 수 있어
야 한다고 보았다.

이러한 사상은 고대 중국의 음계 체계와도 연결되어 있다. 중국의 전통 음계는 '궁(宮), 상(商), 각(角), 치(徵), 우(羽)'로 이루어진 5음계였다. 이 다섯 음은 각각이 음양오행[토(土), 금(金), 목(木), 화(火), 수(水)]의 원리에 대응된다. 즉 음악은 단순한 소리가 아니라 우주의 원리를 품은 질서 있는 체계로 인식되었다.

이러한 질서 의식은 음악 제작에도 반영되었다. 『여씨춘추』에 따르면 황제는 대나무로 만든 '율관'을 통해 소리의 길이와 높낮이를 측정했고, 그에 따라 사회 전체의 음악 기준을 정했다. 이는 정치와 예악(禮樂)을 조율하는 중요한 작업이었다. 맹자 또한 음악과 정치가 밀접한 관계를 맺는다고 보았다. 음악은 국가와 사회의 도덕 상태를 비추는 거울이었다. 맹자는 이렇게 말했다.

나라의 음악이 바르면 정치도 바르고,
음악이 흐트러지면 정치도 타락한다.

이처럼 공자와 맹자는 음악이 인간의 마음을 다듬고 사회 전체의 조화를 이끌어 내는 데 필수적이라고 믿었다. 고대 중국에서 음악은 자연의 리듬과 인간의 감정, 국가의 질서를 하나로 묶는 도구였다.

질서를 세우는 음악, 그것이 동양 음악 철학의 핵심이었다.

우리는 왜 음악을 좋아하는가

음악이 인간과 함께해 온 오랜 역사, 그리고 철학자들이 말했던 감정을 다스리고 질서를 세우는 음악의 힘은 오늘날 과학의 언어로도 새롭게 설명되고 있다. 우리가 음악을 좋아하는 복합적인 원인은 특히 뇌의 반응과 관련이 있다. 또한 음악은 기억을 되살리고 때로는 공동체를 하나로 묶는 힘이라는 점도 기억하자. 우리가 음악을 좋아하는 대표적인 이유는 다음과 같다.

첫 번째 이유는 **도파민의 작용**이다.
좋아하는 음악을 들을 때 뇌에서는 도파민이라는 보상 물질이 분비된다. 맛있는 음식을 먹거나 사랑하는 사람을 만날 때와 같은 신경 화학적 반응이다. 음악이 단순히 기분 좋은 소리에 그치지 않고 신체적인 쾌감과 연결되는 이유다.

두 번째는 **감정 조절 기능**이다.
음악은 스트레스를 줄이고 불안을 완화시키며 지친 마음을 다독인다. 음악이 스트레스 상황에서 분비되는 호르몬인 코르티솔(Cortisol)의 수치를 낮추는 데 효과가 있다는 연구 결과도 있다.

세 번째는 **기억과 연결된 작용**이다.
특정한 음악은 특정한 기억을 다시금 불러온다. 어린 시절의 여름, 처음 사랑에 빠졌던 순간, 혹은 떠나보낸 누군가의 목소리까지. 음악은 해마와 편도체같이 기억과 감정을 담당하는 뇌 영역을 직접 자극한다. 음악은 과거의 나와 현재의 나를 연결시키는 통로가 된다.

마지막으로 음악은 **사회적 유대**와 **생존 전략**의 일부였다. 고대 사람들은 노래를 부르며 함께 일하고 춤을 추며 협력했다. 이렇게 음악을 통해 공동체의 정체성을 확인했다. 현대 연구에서도 집단 노래와 리듬 활동이 사람들 사이의 신뢰와 협동심을 높인다는 사실이 밝혀지고 있다.

이 모든 이유를 종합하면 음악을 좋아한다는 것은 단지 취향의 문제가 아니다. 그것은 감정의 반응이며 생존의 기억이다. 또한 인간이라는 존재가 지닌 깊은 본능이다. 그래서 우리는 스스로를 **호모 무지쿠스**(Homo Musicus), 음악 하는 인간이라 부른다.

음악은 인간의 고유한 본능이다.
인간이 음악을 만든 게 아니다.
음악이 인간을 만들었다.

음악은 어떻게
감정을 움직일까?

감정을 건드리는 소리

우리는 일상적으로 '음악을 듣는다'고 표현한다. 하지만 실제로 귀에 닿는 것은 고막을 자극하는 물리적 진동에 지나지 않는다. 그런데 놀랍지 않은가? 그저 물리적 진동일 뿐인 소리가 어느새 우리의 마음을 움직이고 잠들어 있던 기억을 깨운다. 심지어 때로는 눈물까지 자아낸다. 하나의 선율이 어떤 말보다도 강렬하게 감정을 뒤흔든다. 하나의 리듬이 뚜렷한 이유도 없이 가슴을 두근거리게 만든다.

왜 이런 일이 벌어질까?
어떻게 단순한 **소리**가 복잡한 **감정**으로 변모하는 걸까?

프랑스의 음악 인지학자 로베르 주르댕(Robert Jourdain)은 그의 저서 『Music, the Brain, and Ecstasy』(1997)에서 이렇게 설명한다.

음악은 논리나 언어를 거치지 않고 곧장 감정에 도달한다.

그의 통찰대로 우리는 음악을 들으며 때때로 말로 설명할 수 없는 감정의 물결에 휩싸인다. 기쁨과 슬픔, 흥분과 고요함이 슬며시 우리 내면에 스며든다. 눈에 보이지도 않고 언어로 온전히 담아낼 수도 없지만 분명히 실재하는 ― 그것이 바로 음악이다.

음악은 귀를 거치고 사고를 넘어
우리 존재의 가장 깊숙한 곳까지 스며드는 신비로운 힘이다.

음악은 뇌로 이해한다

음악은 귀로만 듣는 게 아니다. 우리가 음악을 듣는 순간 뇌에서는 경이로운 현상이 펼쳐진다. 하나의 멜로디가 시작되면 뇌는 마치 정교한 오케스트라처럼 움직이기 시작한다. 소리는 먼저 고막을 자극하고, 고막의 진동은 세 개의 작은 뼈(이소골)를 지나 달팽이관(Cochlea)으로 전달된다. 기계적 진동은 전기 신호로 변환되고 청신경을 통해 뇌로 향하면서 뇌의 여러 영역이 동시에 활성화된다.

- **청각 피질**(Auditory Cortex): 소리의 높낮이와 길이, 세기 같은 물리적 특성을 분석한다.
- **전전두엽**(Prefrontal Cortex): 소리들 사이의 관계를 파악하고 음악적 패턴을 이해한다.
- **운동 피질**(Motor Cortex): 리듬을 예측하고 몸의 반응을 준비한다.
- **편도체**(Amygdala): 음악이 불러일으키는 감정을 처리한다.
- **시상**(Thalamus): 이 모든 정보를 연결하고 조율한다.

이처럼 음악은 뇌의 국지적인 부위가 아니라 감각·운동·감정·기억을 아우르는 전뇌적 네트워크를 동시에 작동시킨다. 단순한 소음은 이러한 반응을 일으키지 않는다. 우리는 뇌를 통해 소음과 음악을 구별하고 그 안에서 구조와 의미를 찾아낸다.

음악을 들으며 느끼는 감각은 분석과 예측, 감정과 움직임, 기억과 통합이라는 복잡하고도 정교한 뇌의 작용에서 비롯된다. 신경 심리학자 다니엘 레비틴(Daniel Levitin)은 그의 책『This Is Your Brain on Music』(2006)에서 이렇게 말한다.

음악을 듣는 것은 단일한 경험이 아니라
뇌 전체가 운동하는 것이다.

예측과 쾌감의 경험

음악을 듣는다는 것은 단순히 소리를 받아들이는 데 그치지 않는다. 우리는 음악을 듣는 동안 끊임없이 다음을 **기대하고 상상하며 예측한다.** 어느 멜로디가 반복될지, 어떤 화성이 이어질지, 리듬은 어떻게 전개될지. 우리의 뇌는 이러한 흐름을 무의식적으로 추적하며 예상이 맞았을 때는 쾌감을 느낀다. 그런데 때로는 기대가 어긋날 때 더 큰 감동을 경험하기도 한다.

예상 → 어긋남 → 회복
음악의 쾌감은 이 과정에서 발생한다.

영국의 음악 인지학자 마커스 피어스(Marcus T. Pearce)는 음악 감상의 핵심은 **패턴의 인식과 예측**이라 보았다. 피어스는 컴퓨터 모델링과 심리 실험으로 인간의 뇌가 음악적 구조 — 반복, 변형, 긴장, 해소 — 를 어떻게 예측하고 평가하는지를 분석했다. 그에 따르면 우리는 음악을 들을 때 현재를 즐기는 동시에 미래를 상상한다. 로베르 주르댕 역시 다음과 같이 말했다.

　음악은 끊임없는 예측과 충족, 그리고 놀라움의 연속이다.

이러한 예측 구조는 단순한 인지 과정을 넘어 '쾌락 시스템'과 연결된다. 우리가 음악을 듣는 동안 뇌에서는 도파민(Dopamine)이 분비된다. 도파민은 쾌감, 동기 부여, 보상 시스템을 관장하는 신경 전달 물질이다.

2001년 브로드(Blood)와 자토르(Zatorre)는 fMRI(기능적 자기 공명 영상) 연구를 통해 음악을 들을 때 복측 피개 영역(VTA)과 측좌핵(Nucleus Accumbens)이 활성화된다는 사실을 밝혔다. 이 두 부위는 맛있는 음식을 먹거나 사랑하는 사람을 만날 때와 같은 쾌감을 유도하는 '보상 시스템'의 핵심이다.

더 나아가 2011년, 살림푸르(Salimpoor) 연구팀은 음악의 클라이맥스 순간에서 도파민 분비가 폭발적으로 증가한다는 사실을 입증했다. 예상과 긴장을 쌓은 뒤 감정의 정점에서 일어나는 해소의 순간이 뇌에게는 '보상'인 것이다. 결국 우리는 음악을 들으며 예측, 기대, 해소, 놀라움이 맞물린 **복합적 쾌감**을 경험한다. 이때 느끼는 쾌감은 뇌가 끊임없이 움직이고 있다는 증거가 된다.

감정을 넘어 기억으로

음악은 감정을 뒤흔든다. 하지만 그게 전부가 아니다. 음악은 때때로 우리가 까마득히 잊고 있던 과거의 기억까지도 생생하게 되살려 낸다.

이러한 감정과 기억의 연결 고리 중심에는 뇌의 두 핵심 부위인 **편도체** (Amygdala)와 **해마**(Hippocampus)가 있다.

편도체는 공포, 슬픔, 기쁨 같은 기본 감정의 반응을 조절하는 감정 중추다. 빠르고 강렬한 음악은 편도체를 자극하여 심박수를 높이고, 느리고 부드러운 음악은 긴장감을 완화하고 심박수를 안정화한다. 우리가 음악을 들을 때면 의식적으로 자각하기도 전에 이미 감정적 반응을 시작한다.

하지만 음악은 감정을 자극하는 데 그치지 않는다. 감정은 다시 기억과 연결되어 더욱 깊고 구체적인 감정의 세계를 펼쳐 보인다. 해마는 우리가 경험한 사건들을 저장하는 기억의 보관소다. 음악을 들을 때 해마는 과거의 특정한 장면을 불러오고, 편도체는 그 장면에 감정의 색채를 덧입힌다. 그래서 어떤 음악은 어느 날의 햇살, 어느 계절의 향기, 어떤 사람의 얼굴까지도 선명하게 떠오르게 한다. 다니엘 레비틴은 이를 다음과 같이 설명한다.

　음악은 해마를 자극하여 과거 경험을 감정과 함께 엮는다.

이처럼 음악은 감정과 깊숙이 연결되어 있으며 때로는 언어로는 도달할 수 없는 감정의 기억까지 건드린다. 그렇기에 음악은 치료와 회복의 영역에서도 주목받는다.

치매 환자들을 살펴보면 일상적인 대화나 정보는 잊어버릴지라도 젊은 시절 즐겨 들었던 음악만은 끝까지 기억하는 경우가 많다. 그들은 가끔 가족의 이름조차 기억하지 못하지만 노래 한 곡을 들으면 가사를 따라 부르고 멜로디를 흥얼거리기도 한다. 이런 장면은 단지 감상적인 일화가 아니다. 음악이 뇌에 남기는 흔적이 얼마나 깊은지를 보여 주는 과학적 증거다.

몬트리올 대학교의 심리학 교수 이사벨 페레츠(Isabelle Peretz)는 음악이 **시간의 흐름**과 **감정적 몰입**을 동시에 유발하기 때문에 기억 형성에 매우 효과적인 자극이라고 분석했다.

음악은 대부분의 자극보다 훨씬 깊고 오래 기억 체계를 자극한다.

기억이 흐릿해지는 순간 음악은 잊힌 삶의 조각들을 하나하나 불러 모은다. 그 기억은 단지 과거를 회상할 뿐 아니라 우리가 누구였는지, 무엇을 느꼈는지를 다시 확인시켜 주는 통로가 된다.

슬픈 음악은 왜 위로가 되는가?

슬픔은 우리가 가장 피하고 싶어 하는 감정에 속한다. 슬픈 감정은 아프고 무거우며 때로는 견디기 어려울 때도 있다. 그런데 이상하게도 우리는 슬플 때 더 자주 음악을 듣는다. 때로는 의도적으로 슬픈 음악을 찾아 듣기도 한다.

왜 사람들은 아픈 감정을 피하기는커녕 노래로 불러낼까?

신경 과학자 살림푸르(Salimpoor)의 연구 팀은 이 질문에 대한 흥미로운 답을 제시했다. 그들의 실험 결과 슬픈 음악을 들을 때에도 도파민, 즉 쾌감을 유도하는 신경 전달 물질이 분비된다는 사실이 밝혀졌다. 슬픔과 쾌감이 동시에 작동한다는 것이다. 로베르 주르댕은 이를 다음과 같이 설명했다.

　음악 속 슬픔은 현실의 슬픔과 다르다.
　안전하고 조절 가능하며 미적인 것이다.

현실에서 닥쳐오는 고통은 예측할 수 없고 피할 수도 없다. 하지만 슬픔이 담긴 음악은 우리가 원할 때 꺼내 음미할 수 있고 다시 덮을 수도 있는 감정의 공간이다. 이렇게 '안전하게 통제된' 슬픔은 억눌려 있던 감정을 표면 위로 끌어올리고 정면으로 마주하게 한다. 그 과정은 우리의 마음을 정화시킨다.

고대 그리스 철학자 아리스토텔레스는 『시학(Poetics)』에서 비극이 공포와 연민을 불러일으키며 또한 감정을 정화한다고 보았다. 비극은 우리에게 아픈 감정을 주기 위해 존재하는 게 아니다. 비극은 그 감정을 '경험하게 함으로써' 우리를 가볍고 맑게 하며 다시 살아갈 수 있게끔 돕는 존재다.

슬픈 음악도 마찬가지다. 감성적인 가사나 선율이 담긴 음악은 우리 안에 가라앉아 있던 감정을 밖으로 흐르게 한다. 그 과정에서 우리의 마음은 비워지고 치유된다. 슬픈 음악은 자신의 감정을 확인할 뿐 아니라 **타인의 감정에 공감하고 연결되는 통로**가 되기도 한다. 심리학자 패트릭 저슬린(Patrick Juslin)은 이렇게 말했다.

> 슬픈 음악은 기분을 조절하고
> 감정의 균형을 회복하는 데 도움을 준다.

2012년에 시행된 부오스코스키(Vuoskoski)와 이롤라(Eerola)의 연구에 따르면 슬픈 음악을 들은 실험 참가자들은 더 깊은 감동과 타인에 대한 공감을 경험했다. 감정을 나누는 경험, 슬픔을 함께 견디는 시간 — 슬픈 음악은 우리를 혼자가 아닌 존재로 만들어 준다.

그렇기에 많은 민요와 전통 노래에는 슬픔의 정서가 깊이 스며 있다. 기쁨보다 슬픔을 더 자주 노래하는 건 바로 이러한 이유 때문이다. 노래에는 공동체를 하나로 묶는 힘이 있다. 사람들의 상처를 달래며 서로의 기억을 이어준다.

슬픔을 노래로 부른다는 것은, 삶이 아프더라도 **이해하고 받아들일 수 있는 능력**이다. 음악 속에서 우리는 다시 살아갈 힘을 얻는다.

음악은 감정이고, 기억이며, 삶이다

우리는 이제 음악이 단순히 귀로 듣는 게 아니라는 사실을 안다. 음악이 시작되는 순간 뇌 전체가 깨어난다. 고막이 진동을 받으면 청각 피질은 소리의 높낮이와 길이를 분석하고, 전전두엽은 구조를 해독한다. 편도체는 감정을 일으키고, 해마는 잠들어 있던 과거의 기억을 깨운다. 운동 피질은 몸 전체를 반응하게 한다.

음악은 생각보다 먼저 감정을 흔들고 말보다 먼저 기억을 부른다. 그리고 논리보다 더 깊숙이 우리의 내면과 맞닿는다.

때때로 우리는 음악을 들으며 스스로를 발견한다. 내가 누구였는지, 무엇을 사랑했는지를 문득 깨닫는다. 누구에게도 설명할 수 없었던 감정이 어느 한 곡의 멜로디에 정확히 담겨 있는 것을 느끼는 순간 우리는 음악이 단순한 소리 이상임을 알게 된다.

음악은 감정이고, 기억이며, 삶 그 자체다.

우리는 음악에게 묻는다. 왜 이토록 슬픈지, 왜 그때가 떠오르는지, 왜 아무런 말 없이도 위로가 되는지. 음악은 이 물음에 논리로 답하지 않는다. 그 대신 선율로 기억을 흔들고 감정으로 마음을 부드럽게 감싼다.

말하지 않아도 알 수 있는 감정처럼
음악은 우리 곁에서 살아 내는 일에 필요한 **침묵**과 **떨림**을 들려준다.

음악은 우리의 감정을 뒤흔들고
잊고 있던 기억을 불러온다.
음악은 속 깊은 내면의 언어다.

노래는 왜
인간에게 특별한가?

말보다 오래된 언어

노래는 말보다 오래된 언어다. 문자를 발명하고 문장을 구성하기 훨씬 전부터 우리는 소리로 기쁨을 나누고 리듬으로 슬픔을 표현했다. 노래는 단지 감정을 드러내는 수단이 아니다. 마음의 리듬을 정돈하고 몸의 호흡을 조율하는 행위다. 노래는 흩어진 감정을 자기 중심으로 되돌린다. 그래서 우리는 말을 배우기 전부터 노래를 부르며 살아왔다.

사실 노래는 생각보다 더 빈번하게 우리 곁에 있다. 혼잣말처럼 흥얼거리는 허밍, 버스를 기다리며 무심코 불러 보는 노랫말 한 줄 — 이는 단순한 습관이 아니라 감정을 안전하게 흘려보내는 인간 고유의 방식이다.

우리나라에서 노래방이 오랫동안 사랑받아 온 이유도 어쩌면 여기에 있다. 노래방에서는 무대 위 가수가 아니어도 누구나 노래하며 감정을 분출하고 해소할 수 있다. 혼자 불러도 괜찮고 함께 부르면 더 즐겁다. 이렇듯 노래방은 말로 표현할 수 없는 마음을 음악으로 비워 내는 현대적 위로의 공간이 되었다.

심리학자들은 노래가 **자기 조절**(Self-Regulation)**의 도구**가 될 수 있다고 말한다. 노래를 부르는 행위는 뇌의 보상 회로를 활성화하고 스트레스 반응을 완화하는 데 효과적이다. 스트레스 호르몬인 코르티솔은 줄고 도파민과 세로토닌 같은 긍정적인 호르몬은 증가한다. 정서적 안정뿐 아니라 생리적 균형도 함께 회복된다. 이 사실은 실험 결과의 데이터로만 증명된 게 아니다. 누구나 알고 있는 일상의 경험이기도 하다.

위로의 말을 찾지 못할 때 우리는 조용히 노래를 부른다. 어쩌면 인간이 가진 가장 원초적인 위로의 방식이 바로 노래하는 본능인지도 모른다.

공동체를 하나로 묶는 노래의 힘

노래를 혼자 부를 때는 위로가 되지만 함께 부를 때는 힘이 된다. 서로 다른 목소리가 한 방향으로 모이고 각자의 호흡이 동일한 리듬으로 맞취질 때 말의 속도보다 빠르고 손을 마주 잡을 때보다 강한 연결이 생겨난다. 노래는 **사람과 사람 사이의 거리를 줄이는** 가장 오래된 기술이다.

역사 속 곳곳에서 노래는 공동체를 하나로 묶는 끈이 되었다. 전장으로 향하는 병사들은 행군가를 불렀고, 거리에서 민주주의를 외치던 시민들은 구호와 함께 노래했다. 경기장의 관중들은 하나된 목소리로 응원가를 열창했다. 이 모든 순간은 단지 흥겨움을 돋우기 위한 게 아니었다. 노래는 공통된 감정을 이어주는 통로가 되었고 공동체를 결속시키는 보이지 않는 힘이 되었다.

2002년 월드컵 당시 서울 거리의 풍경을 떠올려 보자. 수십만 명의 사람이 붉은 옷을 입고 모였다. 이때 누가 먼저 시작했는지도 모를 "대~한민국!" 구호가 순식간에 거대한 함성의 파도로 번졌다. 그 단순한 외침과 리듬이 만들어 낸 집단적 고양감은 경기장의 선수들뿐 아니라 그 자리에 없었던 이들까지도 모두 하나로 끌어안았다.

남아프리카 공화국의 〈주여 아프리카를 축복하소서(Nkosi Sikelel' iAfrika')〉는 인종 차별 반대 운동의 상징이 되었다. 이 노래는 저항의 구호를 넘어 절망적인 현실에서도 희망을 잃지 않게 해 주고 사람들을 연결한 공동체의 심장 박동이었다.

현대 과학 또한 이러한 현상을 뒷받침한다. 옥스퍼드 대학교의 연구에 따르면 합창이나 집단 노래는 스트레스 저항력과 상처 치유를 촉진하는 호르몬인 옥시토신의 분비를 촉진한다. 또한 사람들의 심장 박동과 호흡을 동기화시키며 정서적 유대감을 강화한다. 즉 함께 노래를 부르는 행위는 사람들 사이의 **몸과 마음의 동기화**를 일으킨다.

내 숨과 네 숨이 같은 박자로 호흡하고 나의 마음과 너의 마음이 같은 가사에 공명할 때, 자신이 결코 혼자가 아님을 깨닫는다. 그래서 우리는 중요한 순간에 함께 노래를 부른다. 다 같이 국가를 부르고 교가를 부르며 추모곡을 부른다.

노래란 우리가 서로에게 보낼 수 있는 가장 정직한 위로이자
오래 기억되는 다짐이다.

ılılı. 추천 음악

〈주여 아프리카를 축복하소서(Nkosi Sikelel' iAfrika)〉

"주여 아프리카를 축복하소서"라는 기도로 시작한 뒤 점차 함성과 화합의 노래로 번져 가는 연대의 찬가다. 남아프리카에서 탄생하여 아파르트헤이트 저항과 독립운동의 상징이 되었다. 오늘날까지도 아프리카의 고통과 희망을 함께 노래한다.

기억을 담아 전하는 노래

기억은 흐려지고 말은 잊힌다. 하지만 노래는 오래 남는다. 생일 축하 노래의 첫 소절만 들어도 어릴 적 케이크 앞에서 촛불을 끄던 순간이 되살아나고, 졸업식 합창곡 한 구절만으로도 수십 년 전 운동장의 파란 하늘이 눈앞에 펼쳐진다. 노래는 감정을 담는 그릇일 뿐 아니라 **시간을 보존하는 그릇**이다. 말로 전하기에는 복잡하고 글로 남기기에는 차가울 때 노래는 감정과 기억을 멜로디에 실어 따뜻하게 보존한다.

인류 역사에서 노래는 문자보다 앞서 존재했다. 고대 그리스의 『일리아드』와 『오디세이아』는 수 세기 동안 노래로 불리며 구전되었다. 운율과 반복, 멜로디가 만들어 낸 기억의 구조는 이야기를 다음 세대로 전하는 견고한 다리가 되었다. 우리의 판소리 역시 마찬가지다. 조선 시대 이야기꾼들은 긴 서사를 오로지 목소리와 몸짓, 그리고 리듬에 실어 전했다. 이러한 전통은 전 세계 곳곳에서 발견된다. 아프리카의 그리오 (Griot)들은 노래로 부족의 역사와 지혜를 보존했다. 중세의 음유 시인들은 떠돌며 시와 노래를 엮어 사람들의 기억에 새겼다.

이러한 전통은 오늘날에도 계속되고 있다. 아이들은 〈알파벳 송〉으로 문자를 배우고 〈구구단 노래〉로 숫자를 외운다. 〈한국을 빛낸 100명의 위인들〉 같은 노래는 역사 교과서보다 오래 머릿속에 남아 있다. 유대인 전통 교육은 이를 더욱 체계적으로 보여 준다. 유대인 아이들은 어릴 적부터 모세오경, 즉 토라를 노래하듯 암송한다. 정확한 억양과 리듬에 맞춰 반복하여 말씀이 금방 휘발되는 정보가 아니라 몸에 새겨진 기억이 되도록 한다. 수천 년간 이어진 이 전통은 노래가 **학습의 형식**이자 **정체성의 뿌리**가 될 수 있음을 증명한다.

현대 과학 또한 이러한 노래의 힘을 뒷받침한다. 정보를 단순히 듣는 것보다 노래로 익힐 때 기억이 훨씬 오래 지속된다. 노래와 함께 학습한 경우 기억 유지율이 평균 50% 이상 높아진다는 연구 결과도 있다. 멜로디는 단어를 감정과 연결시키고, 리듬은 단어가 뇌 속에 머물 자리를 만들어 준다.

노래는 지우기 어려운 기록이다.
어떤 세대는 책 대신 노래를 남겼고, 목소리로 역사를 전했다.

노래는 잊히지 않는 이야기다.
우리는 그 이야기를 따라 세대를 건너뛰며 서로를 기억한다.

몸과 뇌를 회복시키는 노래

노래는 감정에만 영향을 끼치는 게 아니다. 노래를 부르는 행위는 실제로 몸을 바꾸고 뇌를 회복시키는 **생리적 활동**이다. 그저 흥얼거리는 정도가 아니라 의식적으로 소리를 내고 호흡을 조절하며 리듬을 따라갈 때 몸은 분명하게 반응한다.

노래는 먼저 호흡을 바꾼다. 노래를 부를 때 우리는 자연스럽게 복식 호흡을 한다. 깊고 고른 숨은 폐활량을 늘리고 산소를 더 많이 공급하면서 혈액 순환을 돕는다. 이는 면역 기능의 향상과도 연결된다.

스웨덴에서 실시한 한 연구에 따르면 합창단원들의 면역 지표가 일반인보다 높게 측정되었다. 또한 정기적으로 노래를 부르는 사람은 호흡기 건강, 스트레스 지표, 자율 신경 안정성 면에서 그렇지 않은 사람보다 긍정적인 수치를 보였다.

몸은 노래에 반응한다. 그리고 뇌도 마찬가지다. 음정을 맞추려 청각 피질이 활성화되고 가사를 외우는 동안 해마가 작동한다. 박자를 따라갈 때는 운동 피질과 전두엽이 협력하여 움직인다. 이처럼 노래는 '**전체 뇌'를 사용하는 복합적 운동**이다.

놀라운 사례가 있다. 미국 하원 의원이었던 가브리엘 기퍼즈는 총격으로 언어 기능을 잃었는데 '멜로디 언어 치료(Melodic Intonation Therapy)'를 받고 다시 말하기 시작했다. 이 치료법은 말을 하지 못하는 환자에게 노래하듯 문장을 읊게 하면서 언어를 담당하는 뇌의 다른 영역을 자극하여 기능을 우회적으로 회복시키는 방식으로 이루어진다. 기퍼즈에게 노래는 말을 다시 찾게 해 주는 다리였다.

노래에는 감정을 넘어 몸과 뇌,
그리고 **생명을 다시 작동하게 만드는 힘**이 있다.
우리는 노래를 부르며 울고 웃고, 숨을 고르고, 마음을 회복한다.

기술의 시대, 노래는 여전히 인간의 본능이다

세상이 빠르게 바뀌고 있다. 사람이 노래를 부르지 않아도 되는 시대
다. 인공 지능이 멜로디를 만들고 가수를 대신한다. 심지어 특정 인물
의 목소리로 원하는 노래를 지정하여 부르게 할 수도 있다.

그렇다면 이제 사람이 노래할 필요가 없는 길까?

기술로 노래를 만들어 낼 수는 있다. 하지만 기술 스스로 노래하고 싶
다는 생각이 들게 할 수는 없다. 즉 '노래하고 싶다'는 마음을 대신할 수
는 없다. 우리는 누군가에게 들려주기 위해 노래하기도 하지만 그보다
먼저 **자신의 존재를 확인하고 느끼기 위해** 노래한다. 슬픔이 밀려올 때
무언가를 말하기보다 조용히 노래를 부르곤 한다. 기쁨이 넘칠 때 무의
식적으로 말보다 콧노래가 먼저 튀어나온다.

노래는 의도적으로 감정을 표현하는 수단이 아니라
감정이 저절로 흘러나오는 생리적 본능이다.

어린아이들은 언어를 배우기 전부터 의미 없는 음절들을 노래하듯 소리 낸다. 어른들도 혼자 있을 때 어느새 익숙한 멜로디를 흥얼거린다. 누가 가르쳐 주지 않아도 노래는 삶에서 자연스럽게 발생한다.

그래서 인간의 노래는 사라지지 않는다. 기계가 아무리 정교하게 흉내를 내도 한 사람이 자신의 감정과 숨을 실어 부르는 노래의 울림은 복제할 수 없다. 떨림, 흔들림, 심지어 어긋남조차도 노래를 부르는 사람의 흔적이자 고유한 진실이다.

그래서 오늘도 우리는 노래한다.
노래는 기술로 대체할 수 없는 인간의 본능이다.

그 본능은 오늘도 누군가의 숨결 속에서
말보다 먼저, 말보다 깊이 울리고 있다.

위로의 말을 찾지 못할 때
음악은 우리를 회복시키고
우리에게 조용히 위로를 건넨다.

음악이 삶을
얼마나 바꿀 수 있을까?

음악, 가장 오래된 위로

고통은 때때로 말이 닿지 않는 마음속 깊은 곳에 웅크리고 있다. 아무리 곁에서 말을 건네도 닫힌 마음에는 들리지 않는다. 그런데 그런 마음에도 슬며시 들어가는 길이 있다. 말이 아닌, 소리로. 음악에는 아주 깊은 고통에 말을 건넬 수 있는 신비로운 힘이 있다.

이를 뒷받침하는 오래된 증언이 성서에 기록되어 있다. 사울 왕은 밤마다 정체 모를 불안과 분노에 시달렸다. 신하들조차 쉬이 다가서지 못했을 정도로 사울의 정신은 혼란스러웠다. 이때 다윗이 수금으로 부드럽게 사울을 어루만졌다. 수줍게 울려 퍼지는 현의 떨림은 왕의 혼란을 가라앉히고 고통을 잠시 멎게 했다. 이 장면은 단순한 전설이 아니다. 인류는 오래전부터 직감적으로 알고 있었다.

음악은 들리는 것이 아니라 **건너가는 것**이다.
몸에서 마음으로, 마음에서 영혼으로.
소리는 항상 우리를 관통하며 지나갔다.

고대 이집트에서는 산고 중인 여인 곁에 음악이 함께 했고, 고대 그리스 신전에서는 병자들의 치료 의식에 음악을 활용했다. 음악은 곧 신에게 바치는 찬양이었으며 동시에 사람에게 건네는 위로였다. 그리스 철학자 피타고라스는 음악과 수학의 관계를 분석했다. 피타고라스는 정확한 비율과 조화의 울림이 혼란을 정돈하고 불균형을 해소한다고 믿었다. 피타고라스가 말한 '우주의 하모니'는 비약적인 철학적 상상이 아니었다. 조화로운 진동은 실제로 인간 내면에 영향을 미쳤고 고통을 누그러뜨리는 힘을 지니고 있었다.

음악은 그렇게 아주 오래전부터 인간을 **치유**해 왔다. 말로는 치유할 수 없는 마음을 선율은 조심스럽게 어루만졌다. 눈물은 멈추지 않아도 숨결은 조금씩 고르게 돌아왔다. 고통이 완전히 사라지지는 않아도 고통을 견딜 수 있는 힘이 조금씩 생겨났다.

오늘날 우리는 이를 '음악 치료'라고 부르며 음악을 매개로 환자의 정신적·신체적 건강을 증진시키는 심리 치료의 한 분야로 분류한다. 하지만 본디 음악은 늘 치유였다. 아픈 사람들을 위해 울려 퍼진 소리와 진동. 그 오랜 울림은 지금도 누군가의 귓가에서, 마음 깊은 곳에서 작고 단단한 힘이 되어 생생히 살아 있다.

음악은 위로였고, 기도였고, 함께 숨 쉬겠다는 약속이었다.

전쟁터에서 피어난 음악, 치료가 되다

고통의 순간에는 말이 사라진다. 탄환이 하늘 위로 날아다니고 몸이 찢기고 동료가 눈앞에서 쓰러지는 전장의 한복판에서는 그 어떤 말도 위로도 할 수 없다. 심지어 눈물조차 버거워진다.

그런데 그런 곳에서, 음악이 다시 살아났다.
치유라는 또 다른 이름으로.

총성이 멎은 야전 병원, 피 냄새가 채 가시지 않은 부상병의 병상 곁에서 누군가 조심스럽게 기타를 들었고, 누군가는 바이올린을 꺼내 들었다. 간호사와 자원봉사자의 손에 든 악기는 마치 상처 위에 얹는 붕대처럼 부상을 입은 병사의 마음에 안착했다. 그들은 그저 연주했을 뿐이었다. 치료하려는 의도나 다른 목적은 없었다. 당시에는 음악이 치료에 효과가 있다고 밝혀진 바도 없었다. 다만 죽음의 경계에 선 사람들 곁에서 흘러나온 음악은 생각보다 큰 역할을 했다.

변화는 몸보다 더 깊은 곳에서부터 일어났다. 고향을 그리워하던 병사는 노래를 들으며 평온하게 눈을 감았고 악몽에 시달리던 사람들도 조용히 잠들기 시작했다. 심장 박동은 조금씩 느려졌고 숨결은 고르게 바뀌었다. 무엇도 건드릴 수 없었던 마음속 상처에 음악이 가장 먼저 닿았다.

이렇게 작은 변화가 이어지자 사람들은 문득 생각했다.
'음악이 정말로 치료에 도움이 되는 게 아닐까?'

전쟁이 끝나고도 치유의 기억은 사라지지 않았다. 오히려 더 많은 사람들이 그때의 순간을 의미 있게 기억했고, 누군가는 그것을 '치료'라는 이름으로 부르고자 했다. 1950년 미국 최초 '음악치료협회'가 설립되었고 병원과 재활 센터에서 음악을 정식 치료의 한 분야로 인정했다. 불면과 불안, 트라우마와 우울 등에 음악 치료가 활용되었고 약물로는 채워지지 않는 마음의 빈 공간에 음악이 스며들었다. 그리고 사람들은 놀라울 정도로 회복되었다.

그러나 본질은 달라지지 않았다. 시작부터 과정까지 음악이 한 일은 언제나 같았다. 사람들 곁에 가만히 앉아 다정한 소리로 말을 건넸다. 한 곡의 노래가 마음을 일으켰고, 그 마음이 몸을 움직이게 했다. 음악은 그렇게 피로 얼룩진 전장에서 피어난 생명의 씨앗이 되었다.

의술도, 기술도 아니었다.
음악이 사람들의 몸과 마음을 일으켰다.
사람의 숨결을 닮은 울림이었다.

음악은 집중력을 높이는가 - 모차르트 이펙트

1993년, 한 편의 실험이 세상을 놀라게 했다. 모차르트의 《두 대의 피아노를 위한 소나타》를 들은 사람들의 공간 지각 능력이 일시적으로 향상된 것이다. 이른바 '모차르트 이펙트'라고 부르는 이 현상은 음악이 뇌에 미치는 영향에 대한 새로운 논의의 장을 열었다.

실험 설계는 단순했다. 프랜시스 라우셔와 고든 쇼는 대학생들을 세 그룹으로 나누었다. 첫 번째 그룹은 모차르트의 음악을 들었고, 두 번째 그룹은 이완을 유도하는 소리, 세 번째 그룹은 아무 소리도 듣지 않도록 했다.

측정한 능력은 '공간 지각 능력'이었다. 공간 지각 능력은 사물의 위치, 모양, 크기, 방향 등을 인지하고 3차원 공간에서 사물 간의 관계를 파악하는 능력을 말한다. 결과는 놀라웠다. 모차르트의 음악을 들은 그룹이 다른 그룹보다 현저히 높은 점수를 기록했다. 단지 음악을 들었을 뿐인데 문제 해결 능력이 향상되었다.

놀라운 실험 결과는 전 세계로 급속히 퍼져 나갔다.
"모차르트 음악을 들으면 아이큐가 올라간다."
"태교에는 역시 모차르트다."
언론은 단정지었고 대중은 열광했다. 음악이 뇌를 바꾼다는 신화. 그것이 바로 **모차르트 이펙트**의 시작이었다.

하지만 과학은 언제나 신화의 진위 여부를 확인하려 한다. 수많은 후속 연구가 이어졌고 새로운 사실이 드러났다. 효과는 분명히 존재했지만 지속 시간은 10~15분 정도로 짧았다. 또한 모차르트만의 고유한 효과도 아니었다. 즐겁고 자극적인 음악이라면 유사한 반응이 나타났다. 결국 '즐겁고 선호하는 음악'이 일시적으로 뇌를 활성화시킨다는 가설이 보다 정확한 해석이었다.

음악은 귀에서 멈추지 않는다. 청각 피질에서 시작된 자극은 전전두엽, 해마, 편도체 등 뇌의 여러 영역으로 확산된다. 기억을 불러내고 감정을 조절하며 구조를 분석하는 기능이 하나의 음악을 듣는 순간 동시에 반응한다. 특히 클래식 음악처럼 **복잡한 멜로디**를 가지고 **반복적으로 구조화**된 음악은 뇌를 훈련시킨다. 집중력을 향상시키고 창의적 사고를 촉진한다. 게다가 학습 효율도 높인다. 모차르트 이펙트는 그렇게 과장된 신화의 껍질을 벗기고 음악이 뇌를 자극한다는 사실을 보여 주었다.

음악은 뇌를 움직인다.
그리고 뇌는 다시 몸을 움직인다.

음악을 듣는다는 행위는 단순한 여가 활동이 아니다. 음악은 정신의 흐름을 바꾸고 신경의 통로를 깨운다. 그것은 내면의 질서를 조율하는 하나의 방식이다. 모차르트든, 재즈든, 지금 이 순간 떠오르는 그 노래든 — 당신이 진심으로 좋아하는 음악은 언제나 당신의 뇌에 말을 걸고 있다.

ılılı **추천 음악**

모차르트《두 대의 피아노를 위한 소나타 D장조, K.448》

맑고 빠른 음들이 두 사람의 손끝에서 밀고 당기듯 경쾌한 대화가 이어진다. 정교하게 맞물린 선율과 화성 속에서 음악이 주는 지적 즐거움과 감정적 해방감을 동시에 맛볼 수 있다.

음악은 어떻게 몸을 움직이는가

지금까지 우리는 음악이 마음을 일으키고 뇌를 움직이는 모습을 살펴보았다. 그 울림은 감정을 뒤흔들고 사고의 흐름을 바꾸며 집중력을 높인다. 그런데 음악은 여기서 멈추지 않는다. 음악은 마음을 일으킬 뿐 아니라 몸도 움직이게 한다.

우리는 음악을 귀로 처음 듣지만 음악은 한곳에 머물러 있지 않는다. 소리는 신경을 따라 온몸으로 퍼지고 숨결을 타고 흐르며 세포 하나하나에 닿는다. 음악은 듣는 감각을 넘어 **몸으로 하는 체험**이며 실제로 **생리 반응**을 일으킨다.

의학계는 이러한 사실을 놓치지 않는다. 클래식 음악을 들을 때 심장 박동이 안정되고 혈압이 낮아진다는 연구 결과가 반복적으로 등장한다. 느리고 부드러운 음악은 근육의 긴장을 완화시키고, 빠르고 리듬 감 있는 음악은 신체 활동성과 운동 능력을 향상시킨다. 운동선수들이 경기 전 강한 비트의 음악으로 자신을 끌어올리고, 병원에서 수술 직후 환자에게 잔잔한 음악을 들려주는 게 그 이유다.

더 놀라운 사실이 있다. 음악은 **면역 체계와 호르몬 분비**에도 직접적인 영향을 미친다. 실험에 따르면 음악을 들은 사람의 혈액에서는 면역에 중요한 역할을 하는 면역글로불린A가 증가했고 스트레스 호르몬인 코르티솔은 감소했다. 도파민과 세로토닌 같은 긍정적 감정을 유도하는 신경 전달 물질은 증가하는 경향을 보였다. 이렇듯 음악은 기분뿐만 아니라 몸속의 화학적 균형까지 변화하게 한다.

슬플 때 밝은 음악을 들으면 마음이 약간 가벼워지고, 기쁠 때 선율이 더해지면 감정은 더욱 고조된다. 이러한 기분의 변화는 단순한 주관적 느낌이 아니라 자율 신경계와 호르몬 반응이 만들어 내는 일종의 생리 현상이다.

음악의 힘은 실제 치료 현장에서도 입증되고 있다. 심장 수술 환자가 회복하는 과정에서 음악을 들려주자 진통제 요구량이 감소하고 스트레스 수치도 빠르게 낮아졌다. 우울증이나 불안 장애를 겪는 환자들도 음악 치료를 병행할 때 회복 속도가 더 빠르고 증상의 완화도 뚜렷하게 나타난다는 보고가 있다.

의학계는 이제 음악을 **신체의 다양한 생리 시스템과 소통하는 하나의 언어**로 받아들이기 시작했다. 심장, 면역, 호흡, 신경계까지 — 음악은 우리 몸 모든 곳에 영향을 끼친다. 우리는 흔히 음악을 '분위기'를 바꾸는 요소로만 생각하기 쉽지만 음악은 그보다 훨씬 더 깊이 작동한다. 음악은 우리 몸의 리듬을 조율하고 내면의 생명력을 다시금 불러내어 숨 쉬게 한다.

음악이 몸에 말을 걸기 시작하면
몸은 천천히 그러나 분명하게 그 소리에 응답한다.

모든 생명의 울림이 되다

음악은 인간을 감동시킨다. 그러나 음악이 주는 감동은 인간만의 전유물이 아닐 수 있다. 식물도 음악을 듣고 동물도 음악에 반응한다. 심지어 보이지 않는 세포와 미생물, 물질의 입자까지도 음악 앞에서 움직임을 다르게 한다.

1970년대, 한 연구자가 식물에게 클래식 음악과 헤비메탈을 각각 들려주었다. 클래식을 들은 식물은 뿌리를 깊이 내리고 잎은 빛을 향해 뻗어 나갔다. 헤비메탈을 들은 식물은 방향을 잃고 시들었다. 또한 흥미로운 것은 음악을 전혀 듣지 않은 식물보다 클래식을 들은 식물이 더 건강하게 성장했다는 사실이다.

놀랍게도 음악은 인간을 넘어 다른 생명에도 관여한다.
음악에게는 **생명의 리듬에 작용하는 보이지 않는 힘**이 있다.

젖소에게 음악을 들려주면 우유 생산량이 늘어난다는 말은 오래전부터 전해 내려왔다. 실제로 차분한 음악은 젖소의 스트레스를 줄이고 신경계를 안정시키며 이는 우유의 더 풍부한 생산으로 이어진다. 닭에게 음악을 들려주었더니 알을 더 많이 낳았다는 실험 결과도 있다. 새들은 클래식 음악에 반응하여 유연한 움직임을 보였고, 돌고래는 피아노 소리에 맞춰 소리를 내며 수영 패턴을 바꾸었다.

몽골 유목민들에게는 오래된 지혜가 있었다. 난산한 어미 낙타가 새끼를 거부할 때 마두금 반주에 맞춰 노래를 부르면 어미 낙타가 눈물을 흘리며 마침내 새끼를 받아들인다고 한다. 이 장면은 음악이 **생명과 생명 사이를 이어 주는 매개체**임을 보여 준다.

더 나아가 음악의 영향은 눈에 보이지 않는 차원까지 확장된다. 음악이 미생물의 활동에 영향을 주고 세포의 분열과 재생 속도에도 작용한다는 연구가 이어지고 있다. 발효를 조절하는 음악, 반죽에 클래식을 들려주는 제과 회사, 간장 숙성실에 하루 열두 시간 음악을 틀어 주는 발효장도 등장했다. 일부 저주파 음악은 상처 회복을 촉진하고 특정 주파수는 염증을 줄인다. 심지어 암세포의 성장을 억제할 수 있다는 가능성도 제시되고 있다.

이 모든 반응의 바탕에는 변하지 않는 하나의 사실이 있다.
모든 생명은 진동한다. 그리고 음악은 진동이다.

공기 중에 떠다니는 소리의 파동은 살아 있는 모든 것의 리듬과 조우할 수 있다. 울림이 시작되면 변화가 일어난다. 이쯤 되면 우리는 묻게 된다. 음악은 정말 단지 예술일까? 아니면 음악에는 삶을 움직이는 보이지 않는 힘이 있는 걸까?

음악은 오늘도 사람을 바꾸고 생명을 흔들며
아주 조용히 그러나 확실하게 세상의 균형을 조율하고 있다.

그 진동을 듣는 순간, 우리는 이미 달라져 있다.

음악에는 삶을 움직이는 힘이 있다.
음악은 살아 있는 모든 것을 흔드는
생명의 진동이다.

클래식 음악과 대중음악, 무엇이 다를까?

음악은 처음부터 나뉘어 있었다 – 이성과 감성

"클래식 음악과 대중음악 중에서 어느 게 더 좋은 음악일까요?"
나는 종종 이 질문으로 수업을 시작하곤 한다.

과거에는 많은 학생들이 주저 없이 "클래식 음악이요"라고 답했다. 하지만 그 대답을 한 이유는 클래식 음악을 진심으로 좋아하기 때문이 아니다. 그것이 '좋은 음악'이라고 교육받았기 때문이다. 그 시절에는 학교 음악 시간이 제법 활발하게 이루어졌다. 수업 중에는 바흐나 베토벤의 곡을 들을 기회가 한 번쯤 있었다. 곡이 끝나면 선생님은 "이런 음악이 진정한 좋은 음악이란다"라고 말씀하곤 하셨다.

클래식 음악은 그렇게 **가르쳐진 음악**이었다.

하지만 오늘날의 풍경은 사뭇 다르다. 같은 질문을 던지면 학생들은 대체로 "대중음악이요"라고 답한다. 클래식 음악은 들어 본 적도 배워 본 적도 없는 학생이 대부분이다. 공교육 체계에서 음악 수업은 점차 변두리로 밀려났다. 반면 대중 매체는 항상 우리 곁에서 즉각적이고 자극적인 음악을 반복해서 쏟아 낸다. 대중음악은 우리 곁에 가까이 있고, 클래식 음악은 점점 낯선 존재가 되어 간다.

그래서 우리는 다시금 근본적인 질문과 마주한다.
좋은 음악이란 과연 무엇인가?

이 질문은 오늘날에 와서야 새롭게 제기되는 게 아니다. 음악은 아주 오래전부터 이성과 감성, 절제와 열정, 교육과 쾌락 사이에서 그 본질을 두 갈래로 나누어 왔다. 고대 그리스 신화는 음악이 지닌 이중적 속성 ― 이성과 감성이라는 두 가지 축을 상징적으로 보여 준다. 하나는 **리라**, 하나는 **아울로스**다. 리라는 아폴론의 악기였고 아울로스는 아테나가 버린 악기였다.

리라는 오르페우스가 연주하던 현악기다. 오르페우스의 노래와 연주는 인간뿐만 아니라 자연과 짐승 심지어 지하 세계의 신들까지도 감동시킬 정도였다. 리라는 균형과 조화, 질서를 상징하며 이상적 인간을 형성하는 도구로 여겨졌다. 반면 아울로스는 열정과 흥분을 상징하는 악기였다. 마르시아스는 아울로스를 연주하며 숲속 동물들을 감동시키곤 했다. 그리고 마침내 아폴론에게 연주 대결을 신청하기에 이른다.

두 악기의 소리는 모두 훌륭했고, 신들도 쉽게 우열을 가릴 수 없었다. 그러자 아폴론은 마지막 조건을 제시한다. "악기를 거꾸로 뒤집어 연주해 보자." 리라는 거꾸로 뒤집어도 어느 정도 연주할 수 있었지만 아울로스는 구조상 불가능했다. 결국 아폴론이 대결에서 승리하고 마르시아스는 가혹한 벌을 받는다. 이 이야기는 그리스 사회가 어떤 음악을 더 높이 평가했는지를 보여 주는 상징적 서사다.

축제와 경기장에는 아울로스의 소리가 울려 퍼졌지만 교육과 인격 형성의 중심에는 언제나 리라가 있었다. 중요한 것은 이 신화가 자연스럽게 전승된 민간 설화가 아니라 철학자들이 의도적으로 구성한 이야기였다는 점이다. 그래서 이 신화에는 질서의 논리가 담겨 있다.

이성이 감성보다 우위에 있다는 세계관.
절제가 흥분을 다스려야 한다는 이상.

오르페우스와 아폴론 신화는 이러한 철학적 신념을 이야기로 구조화한 것이었다. 이와 같은 세세관은 이후 서양 음악사의 근간이 된다. **'좋은 음악'은 감정을 조율하고 인간을 올바르게 세우는 음악**이어야 한다는

믿음은 클래식 음악의 고급성을 확립하고 대중음악과의 위계적 분리를
초래했다.

우리는 지금 이 오래된 구분 위에 서 있다.
이성의 음악과 감성의 음악.
천천히 사유하게 하는 음악과 즉각적으로 감정을 건드리는 음악.

우리가 클래식 음악을 '어렵다'고 느끼고 대중음악을 '친근하다'고 여기
는 감각의 뿌리는 고대 그리스에서부터 뻗어 나온 것이다.

예술인가, 오락인가 – 18, 19세기 음악의 이분화

고대 그리스에서 시작된 이성의 음악과 감성의 음악 간의 구분은 오랫
동안 서양 음악 밑바탕에 깔려 있었다. 그러나 18세기 이후 유럽 사회
가 근대적으로 재편되면서부터 두 흐름은 서로 다른 길을 걷기 시작했
다. 중세까지 음악은 주로 교회와 궁정의 소유였다. 신을 찬양하거나
귀족의 사교와 권위를 뒷받침하는 기능이 중심이었다. 일반 대중은 음
악을 조용히 감상하기보다는 노래와 춤을 통해 직접 참여하는 방식으
로 경험했으며 주로 축제와 의식에서 음악을 활용했다. 정적으로 감상
하는 '청중의 음악'은 특권층만의 문화였다.

그러나 음악은 본래 조용히 감상하는 게 아니라 함께 노래하고 움직이며 몸으로 체험하는 것이었다. 이러한 경향은 18세기 부르주아 계급의 부상과 함께 새로운 방향으로 전환되기 시작했다. 새롭게 등장한 중산층은 예술로 자신들의 교양과 정체성을 드러내고자 했다. 이들의 적극적인 참여는 연주 공간을 폐쇄적인 귀족의 살롱에서 개방적인 공공 음악회로 확장하게 했다. 이제 음악은 누구나 입장료를 내면 감상할 수 있는 '공적인 경험'이 되었다. 이러한 변화는 단지 공간 확장의 의미를 뛰어넘어 음악을 대하는 근본적 태도의 전환이었다.

당시 청중이 들었던 음악은 동시대 작곡가의 곡이었다. 그런데 어떤 이들은 정신의 언어로 해석하며 감상했고, 어떤 이들은 감각의 축제처럼 소비했다. 음악의 분화는 음악 자체의 본질적 차이가 아니라 **청취 태도의 차이**에서 비롯되었다. 이 무렵 등장한 존재가 바로 **비르투오조**(Virtuoso) 연주자들이었으며 파가니니와 리스트가 대표 주자였다. 그들은 경이로운 기교와 압도적인 무대 장악력으로 청중의 열광과 몰입을 이끌어 냈다.

파가니니 전설은 유명하다. 파가니니는 비현실적으로 긴 손가락과 창백한 외모를 지니고 있었다. 그는 때로 병적일 만큼의 몰입력으로 무대를 지배했다. 파가니니의 연주는 현란하고 격정적이었으며 때로는 단 한 줄의 현으로도 악보 전체를 소화해 냈다. 압도적인 기교에 사람들은 수군거렸다. "파가니니가 악마와 거래한 게 아닐까?"

파가니니의 연주회에서는 청중이 던진 돈과 보석으로 바이올린 케이스가 가득 찼다는 일화도 전해진다. 이는 단순히 스타에 대한 환호를 넘어 음악을 오락과 감각의 대상으로 받아들이는 청중 문화의 변화를 보여 주는 상징적 사건이었다. 시간이 흐르면서 이러한 청중의 태도는 음악의 형식과 방향성을 실질적으로 바꿔 놓았다.

진지한 감상을 지향하는 청중은 더욱 복잡하고 구조적인 음악을 갈망했다. 작곡가들 역시 그러한 기대에 부응하여 사유 중심의 작품을 창작했다. 이렇게 창작된 작품들은 훗날 '클래식 음악'이라는 독립된 장르로 발전한다. 반면 즉각적인 자극과 즐거움을 추구하는 청중은 화려한 기교, 빠른 전개, 강렬한 감정 표현이 담긴 음악을 선호했다. 이것이 오늘날의 '대중음악'으로 이어졌다.

이러한 분화는 음악계 내부만의 흐름이 아니었다. 19세기 독일의 철학과 미학은 음악의 이분화를 철학적으로 정당화했다. 한슬릭, 헤겔, 슐레겔 같은 사상가들은 음악은 단순한 유희가 아니라 구조와 감정이 결합된 고차원적 예술이어야 한다고 주장했다.

그 결과 음악은 '예술로서의 음악(Art Music)'과 '오락으로서의 음악(Entertainment Music)'으로 명확히 구분되었다. 사회적 담론과 청중의 인식은 그 경계를 더욱 공고히 했다. 오늘날 우리가 당연하게 받아들이는 클래식 음악과 대중음악의 위계적 구분은 바로 이 시기, 청중의 태도 변화와 문화적 정의 과정에서 형성되었다.

이 모든 역사적 흐름은 하나의 중요한 사실을 보여 준다. 음악을 나눈 것은 작곡가가 아니라 **듣는 사람**이었다.

음악은 철학적으로는 오래전부터 두 갈래로 나뉘어 있었지만 실제로 길이 갈라진 것은 **청중의 태도 변화**에서 비롯되었다. 그렇게 음악은 예술과 오락, 구조 중심과 감정 중심이라는 두 개의 서로 다른 길로 분화되었다. 그리고 이러한 흐름의 잔향은 지금도 우리 문화 속에 깊숙이 살아 숨 쉬고 있다.

클래식 음악과 대중음악, 무엇이 다른가

클래식 음악과 대중음악은 단순히 시대나 연주 방식이 다른 음악이 아니다. 음악이 무엇을 추구해야 하는가, 어떻게 창조되고 향유되어야 하는가에 대한 근본적인 철학적·미학적 관점이 다르다. 겉으로는 단순한 '장르의 차이'처럼 보이지만 그 안에는 사유의 방식, 감정의 구조, 음악에 대한 기대와 접근 방법까지 전혀 다른 세계가 펼쳐지고 있다.

서사인가, 반복인가 – 곡의 구조
클래식 음악의 핵심적인 특징 중 하나는 **정교한 형식의 존재**다. 특히

18세기 이후 확립된 소나타 형식은 '제시부-발전부-재현부'라는 3부 구성을 통해 대조적인 두 가지 주제가 긴장 관계를 형성하고 복잡하게 전개되며 마침내 화합하는 구조를 갖는다. 이 과정에서 음악은 감정을 마치 논리적 추론처럼 전개해 나간다. 청중은 정교하게 설계된 흐름을 따라가며 사유의 여정을 함께 걷는다.

베토벤의 피아노 소나타나 말러의 교향곡을 들어 보면 음악이 어떻게 반복 없이 유기적이고 논리적으로 전개되는지를 생생하게 경험할 수 있다. 이 경험은 마치 문학에서 한 인물이 성장해 가는 서사를 읽는 것과 같다. 시간의 흐름 속에서 주제가 변주되고 발전해 나간다. 청중은 변화의 과정을 따라가며 깊은 사색에 잠기게 된다.

반면 대중음악은 짧고 응축된 형식 안에서 **감정의 강한 응집**을 추구한다. A-B-A-B-C-B와 같이 후렴이 반복되는 구조는 한두 번만 들어도 금방 귀에 익고 쉽게 따라 부를 수 있도록 설계된다. '훅(Hook)'이 있는 노래가 바로 이 구조의 핵심이다. 훅은 청중의 귀를 단번에 사로잡는 인상적인 멜로디나 가사 구절을 말한다. 곡 전체에 걸쳐 반복적으로 등장하며 쉽게 기억되고 따라 부를 수 있다. 이 짧고 강렬한 음악적 요소는 대중음악에서 빠르게 감정을 자극하고 청중을 즉시 몰입시키는 핵심 장치로 기능한다. 듣는 이가 복잡한 사유의 과정을 거치지 않고도 음악에 빠르게 몰입하며 감정적으로 반응하도록 이끈다.

클래식 음악이 오래 생각하고 숙고하게 만든다면,
대중음악은 생각보다는 즉시 느끼고 반응하게 만든다.

배음인가, 전자음인가 – 소리의 질감

클래식 음악은 생음악을 근본 전제로 한다. 현악기, 목관 악기, 금관 악기, 타악기 등 다양한 악기가 실시간으로 연주된다. 그 안에서 발생하는 **배음**(Harmonics)은 소리의 공명과 깊이를 형성한다.

연주자들의 숨결, 손끝의 미세한 떨림, 공간의 울림이 더해지며 하나의 악기에서 나는 소리도 유기적으로 변화한다. 이런 소리는 녹음이나 전자 장비로 완전히 재현하기 어렵다. 실제 공연장에서 들을 때에야 그 떨림과 울림을 비로소 온전히 느낄 수 있다.

반면 대중음악은 20세기 이후 전자 음향 기술의 급속한 발전과 함께 진화했다. 신시사이저, 샘플러, 믹서, 오토튠, 디지털 이펙트 등 음향을 정밀하게 설계하고 편집할 수 있는 첨단 도구가 등장하면서 현장에서 즉석으로 만들어지는 소리보다는 **스튜디오에서 설계된 소리**가 중심축이 되었다.

대중음악은 현실의 물리적 공간과 무관한 완전히 인공적인 청각 세계를 창조할 수 있게 되었다. 그 결과 대중음악은 더욱 매끄럽고 세련되게 들리는 동시에 '현실에서는 한 번도 존재한 적 없었던 소리'를 경험하는 독특한 예술적 체험을 선사한다.

몰입인가, 반응인가 – 리듬과 시간 감각

클래식 음악은 본질적으로 시간의 예술이다. 강약과 속도의 유기적인 흐름 속에서 청중의 호흡과 감정을 자연스럽게 이끌어 낸다. 리듬의 기계적 반복과는 거리가 멀다. 템포는 느려졌다가 가속된다. 리듬은 예측 불가능하게 변주되며 한 곡 안에서도 수많은 시간의 결과 층위를 만들어 낸다.

일부 음악학자들은 클래식 음악의 리듬 구조가 자연의 소리나 현상처럼 불규칙한 듯하면서도 일정한 패턴을 가진 **1/f 리듬**을 띤다고 분석한다. 이 리듬은 파도의 출렁임, 심장의 박동, 새들의 지저귐과 같은 자연 속 리듬과 닮아 있어 청중을 깊은 '명상적 몰입' 상태로 이끈다. 뇌파나 집중력에도 긍정적 영향을 준다는 연구 결과도 있다.

대중음악의 리듬은 이와는 전혀 다른 원리로 작동한다. 주로 **반복적이고 일정한 비트**가 골격을 이룬다. 몸을 자연스럽게 흔들고 춤추게 만들며 따라 부르게 만드는 것을 목표로 한다. 전자 드럼이나 루프 머신을 이용하여 일정한 템포를 유지한다. 명상적 몰입보다는 '즉각적이고 본능적인 반응'을 일으키며 감정을 해방시킨다.

이처럼 클래식 음악은 시간을 확장하고 한 곡 안에서 다층적이고 복합적인 감정의 흐름을 구축한다. 반면 대중음악은 시간을 압축하고 짧은 순간에 감정의 폭발적 고조를 일으키는 전략을 취한다.

열린 의미인가, 명확한 메시지인가 – 해석의 여지

클래식 음악은 처음에는 가사를 지닌 성악 중심의 전통에서 출발했다. 그러나 시간이 흐르면서 점차 독립적이고 완전한 예술 형식으로 발전했다. 오늘날 우리가 '클래식 음악'이라 할 때는 가사 없이 **순수 소리만으로** 감정을 전달하는 기악곡을 주로 떠올린다.

이로 인해 클래식 음악은 해석의 여지가 무한히 넓어진다. 같은 곡을 들어도 누군가는 잃어버린 추억을 떠올리고, 누군가는 광활한 우주를 상상하며, 또 다른 누군가는 말로 형용할 수 없는 깊은 슬픔을 체험한다. 의미가 고정되어 있지 않기 때문에 청중은 각자의 삶의 경험과 당시 느끼는 감정을 바탕으로 음악을 해석하며 재창조한다.

반면 대중음악은 대체로 **가사가 핵심**인 음악이다. 가사는 사랑과 이별, 위로와 격려, 꿈과 좌절 등 청중이 즉시 공감할 수 있는 감정을 직접적이고 구체적인 언어로 전달한다. 이때 음악은 감정을 담는 그릇이자 메시지를 더욱 강렬하게 전달하는 매개체가 된다.

클래식 음악은 말하지 않음으로 더 많이 말하는 음악이며,
대중음악은 말함으로 더 빠르게 공감하도록 하는 음악이다.

이처럼 클래식 음악과 대중음악은 단순한 장르나 시대적 차이를 넘어 근본적으로 다른 감각의 질서, 사유의 방식, 그리고 삶의 리듬을 만들어 낸다. 클래식은 천천히 사유의 길을 따라가며 사색하고 성찰하게 만드는 음악이고, 대중음악은 짧고 강렬하게 다가와 즉각적인 감정의 공유를 가능하게 만드는 음악이다. 어느 것이 더 우월하다고 단정할 수는 없다. 음악이 흐르는 시간의 방식과 감정을 전하는 언어의 체계가 다를 뿐이다. 각각은 고유한 아름다움과 존재 이유가 있으며 인간의 서로 다른 정신적 욕구에 부응하고 있다.

왜 클래식 음악을 멀리하게 되었을까?

많은 사람이 클래식 음악을 어렵다고 느낀다. 그 이유는 클래식 음악이 복잡하기 때문이 아니다. 오늘날 우리의 뇌가 클래식 음악을 쉽게 받아들이도록 훈련받지 않았기 때문이다.

음악은 감각의 습관이다

음악은 물론 귀로 처음 듣지만 끝까지 귀로만 듣는 것은 아니다. 우리가 음악을 이해할 때는 기억, 경험, 맥락, 감정을 총동원한다. 즉 음악을 듣는다는 것은 단순한 청각적 감지가 아니라 그것을 **삶 전체**로 받아들이는 일이다. 그리고 이는 음악을 받아들이는 훈련을 어떻게 받았는가의 문제이기도 하다.

어린 시절부터 자주 들었던 음악은 우리에게 낯설지 않고 편안하게 느껴진다. 그러나 익숙하지 않은 음악은 아무리 훌륭한 작품이라 해도 이해하거나 집중하기 어렵다. 요즘 사람들에게 클래식 음악이 어렵게 느껴지는 까닭은 클래식을 접할 기회가 현저히 줄었고 그 결과 우리의 감각 자체가 **'다른 방식의 음악'을 중심으로** 길들여졌기 때문이다.

뇌는 단순함을 좋아한다

뇌 과학자들의 연구에 따르면 인간의 뇌는 예측 가능한 자극, 반복적인 리듬, 간단한 구조를 좋아한다. 뇌는 에너지를 최소한으로 소모하는 방향을 선호하는 경향이 있다. 낯익은 패턴, 반복되는 멜로디, 단순한 화성은 뇌에 편안함을 주는 조건이다.

이와 달리 클래식 음악은 예측이 어렵고 전개가 복잡하다. 집중하지 않으면 흐름을 놓치기 쉬운 구성으로 이루어져 있다. 따라서 현대인의 뇌는 클래식 음악을 듣는 동안 지속적으로 에너지를 소모하며 긴장을 유지해야 한다.

결국 많은 사람이 클래식 음악을 듣다가 '지루하다', '어렵다'고 느끼는 이유는 뇌가 익숙하지 않은 감각 환경에 놓였기 때문이다.

빠른 자극에 익숙한 세대

대중음악, 유튜브, 숏폼 영상, 틱톡, 게임 음악…

현대인의 감각은 빠른 전환, 즉각적인 보상, 신속한 감정 반응에 길들여져 있다. 음악도 예외가 아니다. 대중음악은 도입부 10초 안에 청중의 귀를 사로잡아야 한다는 말이 있을 정도다. 그래서 대부분의 대중음악은 곡이 시작되자마자 곧바로 중독적인 '훅'이 등장하고 2~3분 안에 가능한 한 모든 감정을 압축해서 담아 낸다.

반면 클래식 음악은 서서히 펼쳐지고 시간을 들여 감정을 차곡차곡 쌓아 나간다. 극적인 변화는 곡의 중반부에서 나타나고 마지막에서야 감정이 절정에 달하는 느린 구조를 지닌다. 이런 방식은 감정을 천천히 조율하고 사유와 함께 음악의 흐름을 따라가야 한다. 하지만 오늘날 청취 환경은 이와 같은 방식과 정반대 방향으로 흘러가고 있다.

결국 우리가 클래식 음악을 어려워하는 이유는
그 음악을 받아들일 **감각을 잃어버렸기** 때문인지도 모른다.

'듣는 법'을 배운 적이 없는 시대
음악은 '어떻게 들을 것인가'에 대한 **훈련**과 **문화적 맥락**이 필요한 예술이다. 과거에는 학교 음악 시간, 음악 감상 수업, 라디오 해설 등을 통해 클래식 음악을 어떻게 들어야 하는지에 대한 가이드를 곳곳에서 찾아볼 수 있었다.

그러나 현대 사회에 들어서면서 그런 기회가 거의 사라졌다. 대부분의 음악은 유튜브 추천 알고리즘이나 감정 키워드에 따라 소비된다. '분노할 때 듣는 음악', '슬플 때 듣는 음악' 같은 감정 키워드에 따른 소비 방식은 편리하기는 하지만 음악이 가진 본래의 특성 — 생각하게 하고, 기다리게 하며, 사유하게 만드는 기능을 점차 약화시킨다.

낯설어서가 아니라, 잊혔기 때문에

클래식 음악은 본질적으로 어려운 음악이 아니다. 클래식 음악이 어렵게 느껴지는 이유는 그것이 낯설어졌기 때문이다. 그리고 이 낯섦은 우리가 클래식 음악을 들을 기회를 잃어버렸기 때문에 생겨났다. 우리는 클래식 음악의 시간성을 감당할 감각을 잃어버렸다.

어떤 음악이든 충분히 접하고 반복해서 들으면 익숙해진다. 마찬가지로 클래식 음악을 듣는 습관을 회복하고 그에 맞는 감각을 다시 길러낸다면 클래식 음악에 대한 낯섦을 극복하고 그 안에서 깊은 몰입과 감정의 층위를 발견할 수 있을 것이다.

클래식 음악은 사라진 게 아니다. 우리의 일상에서 차츰 밀려났을 뿐이다. 그리고 그 자리를 즉각적이고 빠른 자극을 주는 음악이 채우고 있다. 하지만 음악이 주는 경험이 단순한 감정 자극을 넘어 **깊은 몰입과 사유의 영역**으로 확장되길 원한다면 우리는 다시 클래식 음악의 감각을 회복할 필요가 있다.

아이들은 어떤 노래를 불러야 할까?

아이들이 부르는 노래를 듣다 보면 아이들이 속한 사회가 무엇을 가르치고 있는지 짐작할 수 있다. 아이들이 자주 부르는 노래의 가사, 반복되는 리듬, 멜로디의 분위기 속에는 사회가 감정과 언어를 다루는 방식, 그리고 어떤 정서를 익히도록 허용하는지에 대한 철학이 고스란히 담겨 있다.

'트로트 신동' 현상은 무엇을 말해 주는가

최근 몇 년 사이 TV 오디션 프로그램이나 유튜브에서 다섯 살, 일곱 살 어린아이가 트로트를 완벽하게 부르는 장면을 자주 볼 수 있다. 놀라운 가창력, 정확한 음정, 섬세한 감정 표현까지 갖춘 아이들을 보며 어른들은 "신동이다", "천재다" 하고 감탄한다.

하지만 아이들이 부르는 트로트의 가사를 가만히 들여다보면 다음과 같은 문장들이 종종 등장한다.

"사랑이 왜 이리 아프냐."
"떠난 당신을 잊을 수 없어."
"사랑은 죄인가요?"

물론 아이들은 가사가 무슨 뜻인지 알지 못할 것이다. 아이들은 그저 리듬과 억양을 따라 하며 이해하지 못한 감정을 흉내 낼 뿐이다. 그러나 감정의 언어가 아직 형성되지 않은 시기에 이별과 집착, 상실의 의미가 담긴 가사를 반복해서 노래한다면 그 경험은 과연 아이에게 어떤 정서적 각인을 남길까?

음악은 감정의 언어다

어린아이는 모국어를 흉내 내며 말을 배운다. 감정도 마찬가지다. 그 사회가 반복해서 들려주는 언어, 자주 경험하게 하는 감정은 그 사회에 속한 사람들이 사용하는 감정 표현의 언어이자 감정 해석의 틀이 된다.

음악을 듣는다는 것은 감정이 내면에 깊숙이 들어와 언어처럼 자리 잡는 과정이기도 하다. 그래서 아이가 어떤 음악을 듣는가는 그 아이가 어떤 감정의 뼈대를 가진 사람으로 자라날지를 결정짓는 중요한 요소가 된다.

음악에는 슬픔에도 품위 있는 방식이 있고, 기쁨에도 여백이 있는 방식이 있다. 클래식 음악이나 동요, 예술 가곡 등은 감정을 과장하지 않고 절제되고 성숙한 방식으로 표현한다.

감정은 흉내로 배울 수 없다

감정은 단지 흉내 낸다고 체득되지 않는다. 표정이나 억양을 따라 하는 능력은 표현의 '기술'에 불과하다. 감정을 진정으로 이해하고 다루는 능력은 충분한 시간과 경험이 쌓여야 내면에서 천천히 자라난다.

사랑의 상실, 그리움, 외로움 같은 복잡한 감정은 그저 목소리 톤을 낮추고 눈동자를 흔들며 표현한다고 해서 진실되게 느껴지지 않는다. 감정은 실제 관계에서, 기다림의 시간에서, 그리고 삶의 경험에서 몸소 체험하여야 비로소 '내 것'이 된다.

어린아이가 너무 이른 나이에 성인의 감정을 표현하도록 요구받는다면 그 표현은 자칫 감정의 깊이를 전혀 이해하지 못한 채 그저 흉내 내는 연기가 된다. 그리고 그렇게 '감정 흉내'를 반복하다 보면 오히려 감정을 정말로 느끼고 해석하는 능력은 약해질 위험이 있다.

음악은 분명 감정을 가르칠 수 있다. 그러나 그 방식이 감정의 모양을 흉내 내는 것이라면 바람직하지 않다. 감정을 스스로 찾아가고 깨달을 수 있는 충분한 시간과 경험을 제공하는 방식이어야 한다.

공교육이 감수성 교육을 포기한 시대

과거에는 초등학교 음악 시간에 클래식 음악을 듣거나 다양한 악기 체험을 하고 동요의 순수한 아름다움을 배울 기회가 있었다. 하지만 지금은 음악 감상 시간이 거의 사라졌다. 과도한 입시 경쟁에 밀려 느끼고 해석하는 '감정의 시간'은 점점 줄어들고 있다.

대신 유튜브 알고리즘이 아이들의 음악 취향을 결정한다. 속도는 빠르고 감정은 과장되며 소비는 끊임없이 반복된다. 이런 환경에서는 사유와 감정 사이의 깊은 연결을 익히기가 어렵다. 아이들은 음악을 들으며 감정을 느끼고 성찰하기보다 감정을 즉각적으로 소비하고 흉내 내는 법을 먼저 배우게 된다.

플라톤의 경고

고대 그리스 철학자 플라톤은 이상국가에서 어떤 음악을 들려줄 것인지에 대해 엄격했다. 플라톤은 다음과 같이 말했다.

> 음악 교육은 감정을 통제하고 영혼을 단련한다.
> 어떤 음악을 들려주는지가 그 나라의 미래를 결정한다.

어릴 적부터 사유와 여백, 조화와 깊이를 경험할 수 있는 음악, 즉 감정의 품격을 길러 주는 음악을 듣는 경험이 절실히 필요하다. 그것은 클래식 음악일 수도 있고, 아름다운 동요일 수도 있다. 감정을 조절하고 해석할 수 있는 감수성을 기르는 게 중요하다. 지금의 음악 환경은 아이들의 감정을 자극할 뿐 감정을 깊이 있게 **길러 주지는 않는다.**

그래서 우리는 묻는다. 아이들은 어떤 노래를 불러야 할까? 지금 우리가 아이들에게 들려주는 음악은 과연 어떤 사회를 만들어 가고 있을까?

좋은 음악은 무엇인가 – 감정과 사유 사이에서

우리는 클래식 음악과 대중음악이라는 두 개의 서로 다른 음악 세계 속에 살아간다. 하나는 구조와 사유의 음악이고, 다른 하나는 감정과 소통의 음악이다. 하나는 오래된 철학과 예술관의 연장선에 있고, 다른 하나는 지금 이 시대의 정서와 감각을 반영한다.

음악은 단순한 취향이 아니다

누군가는 말한다.

"그냥 듣고 싶은 걸 들으면 되지 무엇이 더 좋은 음악이란 말인가."

결코 틀린 말이 아니다. 음악은 개인의 취향에 따라 자유롭게 선택할 수 있다. 하지만 한 걸음 더 들어가 보면 우리가 듣는 음악은 그저 개인의 기호에 따른 선택 이상의 의미가 있다. 음악을 듣는다는 것은 어떤 감정에 익숙해지고, 어떤 리듬에 몸을 맞추며, 어떤 사고방식에 머무를 것인가에 대한 **삶의 방식 자체를 선택하는** 일이기도 하다.

대중음악은 일상의 언어다

사랑과 이별, 꿈과 위로, 외로움과 공감…

대중음악은 우리의 언어로 말한다. 가사는 우리가 미처 표현하지 못한 감정을 대신 말해 주고 리듬은 몸의 긴장을 자연스럽게 풀게 한다. 바쁜 일상 속에서 대중음악은 감정의 피로를 덜어 주는 가장 친숙하고 접근하기 쉬운 예술이다. 그 자체로 부정할 이유는 전혀 없다. 문제는 오직 그 하나의 음악만으로 음악 전부를 소비하게 될 때다.

우리는 점점 감정을 쉽게 흥분시키고,
쉽게 소비하고, 쉽게 잊는 방식에 익숙해져 간다.

클래식 음악은 다른 감각을 요구한다

클래식 음악이 필요한 이유는 그것이 '좋은 음악'이라서가 아니다. 클래식 음악은 우리가 일상적으로 느끼는 감각과 전혀 다른 종류의 감각을 훈련하게 하는 예술이기 때문에 필요하다. 클래식 음악은 곧바로 감정을 터뜨리지 않는다. 대신 먼저 귀를 기울이게 하고 사유하게 하며 서서히 감정이 자라나도록 만든다.

그 감각은 단지 음악을 위한 것이 아니다. 사람의 깊이를 길러 주는 감각, 쉽게 흔들리지 않는 집중력, 경청하고 몰입할 줄 아는 태도, 그리고 말없는 것을 해석할 수 있는 상상력. 이 모든 것이 클래식 음악을 감상하는 방법을 배우는 과정에 담겨 있다.

음악의 균형이 필요한 시대

클래식 음악과 대중음악은 서로 대립하거나 경쟁해야 할 존재가 아니다. 오히려 서로를 보완하는 역할을 하며 우리가 더욱 풍부한 감각과 건강한 정서 세계를 가질 수 있도록 돕는 두 개의 중요한 축이다.

하나는 감정을 표현하게 하고,
다른 하나는 감정을 조율하게 한다.

하나는 삶을 공유하게 하고,
다른 하나는 삶을 성찰하게 한다.

따라서 우리는 둘 중 하나만을 선택할 필요가 없다.
두 가지 모두를 경험하며 조화로운 균형을 이루는 감각을 익혀야 한다.

듣는 법을 가르치는 사회 – 교육의 몫

이러한 균형은 개인이 스스로 갖추기 어렵다.
공교육이, 사회가, 어른들이 함께 준비해야 할 중요한 과제다.

학교 음악 시간이 암기나 평가 위주의 수업을 벗어나 한 곡의 클래식 음악을 천천히 듣고 그 속에 담긴 감정과 구조에 대한 생각을 함께 나눌 수 있는 교육의 장이 되었으면 한다. 대중음악의 가사를 읽고 그 언어가 지금 우리에게 어떤 감정을 건네고 있는지 질문할 수 있는 수업이 되어야 한다.

음악은 지식이 아니라 감각이고 경험이다.
따라서 **듣는 법을 배우는 시간**이 반드시 필요하다.

어떤 삶을 살고 싶은가의 문제

'어떤 음악을 듣는다는 것'은 결국 '어떤 삶을 살고 싶은가'의 문제와 이어진다. 음악은 우리가 매일 입는 옷이자 호흡하는 공기다. 음악은 때로 침묵보다 더 많은 것을 말해 주는 삶의 언어다.

우리가 어떤 음악을 들으며 살아가는지는 곧 우리가 어떤 감정에 익숙해지고, 어떤 삶의 리듬에 자신을 맞춰 가는가를 보여 준다.

클래식 음악이냐, 대중음악이냐는 질문은 결국 "나는 어떤 감각으로 세상을 바라보고 싶은가?"라는 삶의 철학에 대한 질문으로 돌아온다.

음악은 우리가
어떤 감정에 익숙해지고
어떤 삶의 리듬에 머무를지를
결정하는 감각의 언어다.

음악은 언어다

느리게

Andante

질서를 세우고, 소리를 짜맞추며, 메시지를 전한다

왜 배음이
음악의 뿌리인가?

음악은 감정에서 시작되지 않았다

음악은 감정의 예술이라고 흔히 말한다. 하지만 음악의 출발점은 감정
이 아니라 소리다. 그리고 소리는 언제나 진동에서 비롯된다. 공기를
흔드는 진동이 귀에 닿고 감각이 된다. 그리고 결국 감정으로 이어진
다. 우리가 어떤 울림을 듣고 감정을 느끼는 이유는 아주 오래전부터
있었던 보이지 않는 어떤 질서에 귀가 길들여졌기 때문이다.

같은 음 '도'라도 바이올린은 따뜻하게 클라리넷은 둥글게 플루트는 맑
게 들린다. 같은 음인데 왜 악기에 따라 다르게 들릴까?

어떤 화음은 귀에 닿을 때 편안하게 들리고 어떤 화음은 거칠고 불편하게 들린다. 어떻게 우리는 이런 차이를 거의 본능처럼 직관적으로 구분할 수 있을까?

이 모든 질문의 바탕에는 **배음**이 있다. 배음은 음악의 숨겨진 뿌리이자 소리에 내재한 질서다. 그리고 우리가 음악을 음악답게 느끼게 해 주는 자연의 언어다. 배음이라는 단어를 처음 접하면 음악 이론의 전문 용어처럼 느낄 수 있다. 하지만 사실 배음은 우리가 좋은 소리, 조화로운 화음, 풍부한 울림을 느끼는 모든 경험의 가장 깊은 바탕이 된다.

소리의 뿌리를 이해한다는 것은
곧 음악을 더욱 깊이 이해하는 출발점이 된다.

배음이라는 보이지 않는 구조

우리가 듣는 모든 소리에는 보이지 않는 구조가 있다. 아주 단순해 보이는 소리도 단 하나의 진동만으로 구성되지 않는다. 여러 개의 진동이 동시에 울리며 그 조합이 하나의 소리를 만들어 낸다. 이 중 가장 낮고 뚜렷하게 들리는 음을 **기본음**(Fundamental)이라고 한다. 그 위에 얹힌 더 높은 주파수의 소리가 **배음**(Overtones)이다.

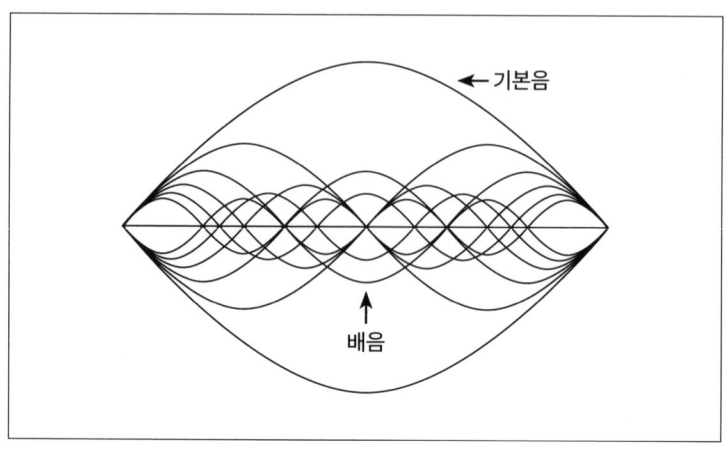

위 그림을 살펴보자. 하나의 음처럼 들리는 소리도 실제로는 여러 진동이 겹쳐져 있다. 이는 마치 한 가지 색으로 보이는 빛에 여러 파장이 섞여 있는 현상과 유사하다. 하나의 음정에도 여러 개의 소리, 즉 배음이 함께 존재한다. 다만 인간의 귀는 그중 가장 낮고 또렷한 '기본음'을 중심으로 듣기 때문에 하나의 음처럼 인식될 뿐이다.

예를 들어 기타의 줄을 퉁기면 단 하나의 음이 나는 것 같지만 실제로는 그 줄이 '전체'로 진동할 뿐 아니라 절반, 1/3, 1/4, 1/5 길이로도 동시에 진동한다. 이때 생성되는 소리들이 배음이다.

즉 우리가 듣는 하나의 음은 사실 여러 개의 음이 겹쳐진 것이다. 이러한 배음의 조합과 비율이 **그 소리만의 색깔**을 만든다. 바이올린과 클라리넷이 같은 음을 연주해도 전혀 다르게 들리는 이유, 성악가의 목소리가 저마다 다른 감정을 불러일으키는 이유가 바로 이 배음의 구조에 있다. 각 악기와 사람은 저마다 고유한 배음의 배열을 가지고 있다. 우리는 그 차이를 **음색**(Timbre)이라는 감각적 특색으로 받아들인다.

더 놀라운 사실이 있다. 배음이 전혀 우연으로 발생하지 않는다는 점이다. 배음은 물리적 부산물이 아니며 수학적으로 매우 일정한 패턴, 즉 자연의 질서를 따른다. 어떤 음이 울릴 때 그 위에 2배, 3배, 4배, 5배 그리고 그 이상의 주파수를 가진 음이 반드시 함께 울린다. 이 비율 속에는 완전5도, 장3도, 옥타브 같은 음악의 기본 음정이 숨어 있다.

또한 이러한 현상은 단지 '소리가 그렇다'는 차원에만 머무르지 않는다. 우리는 소리의 질서를 감각으로 받아들이고 감정으로 해석한다. 그리고 항상 그 질서 안에서 조화로운 음악을 만들어 왔다.

같은 음, 다른 소리 – 배음이 만든 음색의 세계

음악에서 가장 흥미로운 현상 중 하나는 같은 음인데도 소리를 내는 매개체에 따라 실제로는 전혀 다르게 들린다는 점이다. 피아노의 '도'와 바이올린의 '도', 그리고 사람의 목소리로 발성한 '도'는 모두 같은 높이의 음이지만 우리 귀는 전혀 다른 소리로 인식한다. 이러한 차이가 만들어 낸 결과가 바로 음색이다. 그리고 음색을 결정하는 핵심 요소가 배음의 조합이다.

배음의 비율이 소리의 성격을 바꾼다

앞서 우리는 하나의 음이 여러 개의 배음을 포함하고 있다는 사실을 살펴보았다. 이때 어떤 배음이 얼마나 강하게 울리는지, 얼마나 오래 지속되는지, 또 어떤 배음은 억제되고 어떤 배음은 강조되는지 등이 바로 소리의 성격, 즉 음색을 결정한다.

같은 음을 내도 악기마다 소리가 다른 이유가 여기에 있다. 예를 들어 같은 '도'라는 음을 낸다고 할 때 플루트는 배음이 거의 없어 기본음이 또렷하게 들리기 때문에 맑고 깨끗하며 투명한 소리가 난다. 클라리넷은 짝수 배음이 약하고 홀수 배음이 강하게 나타나 둥글고 어두운, 다소 거친 질감을 가진다. 바이올린은 높은 주파수의 배음까지 풍부하게 포함하고 있어 소리가 풍성하고 감정적으로 깊게 들린다.

사람의 목소리는 단지 성대만으로 만들어지지 않는다. 두상, 비강, 흉곽 등 신체의 모든 공간이 공명통이 된다. 사람마다 신체의 구조가 모두 다르기 때문에 서로 다른 배음을 만들어 낸다. 그래서 목소리는 누구도 흉내 낼 수 없는 고유한 악기가 된다.

이처럼 각 악기나 사람의 목소리는 배음의 배열과 비율이 서로 다르기 때문에 저마다 다른 느낌을 준다. 이는 물리적으로 존재하는 소리의 배경 구조가 다르기 때문이다.

우리는 배음을 듣지 않고 '느낀다'

놀라운 점은 우리가 이 모든 배음을 직접 듣지는 못한다는 사실이다. 귀는 주로 기본음을 중심으로 듣는다. 하지만 배경에 깔린 배음들이 **무의식적으로** 음색의 차이를 만들어 내기 때문에 우리는 배음을 귀로는 듣지 않아도 감각으로 구별할 수 있다. 즉 우리는 배음을 인식하지 않고도 배음의 차이를 통해 소리의 성격을 구별하고 나아가 감정의 방향까지 느낄 수 있다.

그래서 어떤 소리는 따뜻하고 어떤 소리는 차갑다.
어떤 소리는 선명하고 어떤 소리는 흐릿하게 느껴진다.

그 느낌은 단지 주관적인 감정이 아니다.
배음이 만들어 낸 물리적 질서의 결과다.

배음은 조절할 수 있는 예술적 재료다

배음은 자연이 만든 질서지만 배음을 어떻게 울릴지 결정하는 것은 연주자의 몫이다. 바이올린 연주자는 활의 각도와 속도, 손의 위치를 미세하게 조정하여 원하는 배음을 강조하거나 원하지 않는 배음을 줄인다. 성악가는 입안의 모양과 혀의 위치, 호흡의 흐름으로 배음 구조를 조절하며 각기 다른 울림을 만들어 낸다. 결국 배음은 '주어진 것'이 아니라 다듬고 훈련할 수 있는 예술적 재료다.

이처럼 배음은 단순한 소리의 그림자가 아니라
연주자가 끊임없이 빚고 다듬는 소리의 조형물이다.

배음은 소리의 정체성을 만든다

기본음은 '높이'를 말해 주지만, 배음은 '성격'을 말해 준다. 우리가 누군
가의 목소리를 한 음절만 들어도 누군지 쉽게 알아챌 수 있는 이유, 좋
은 연주를 듣고 '이건 누구의 소리'라고 느낄 수 있는 이유는 그 사람만
의 고유한 배음 구조가 귀에 익숙하기 때문이다.

배음은 단지 음색의 문제를 넘어
음악적 정체성과 표현의 시작점이다.

자연이 만든 조화 – 배음과 화성의 탄생

음악을 들을 때 우리는 종종 '조화롭다', '아름답다'는 느낌을 받는다. 특
히 두 음이 함께 울릴 때 그것이 협화음인지 불협화음인지 거의 본능적
으로 구분할 수 있다. 그런데 왜 어떤 소리는 우리를 편안하게 하고, 어
떤 소리는 불안하거나 긴장하게 할까?

그 대답 역시 배음 안에 숨어 있다.

완전5도, 장3도는 이미 배음 안에 존재한다

하나의 기본음이 울릴 때 그 위로 함께 울리는 배음들은 정해진 순서와 비율로 생성된다. 예를 들어 A라는 음이 울릴 때 배음은 2배, 3배, 4배, 5배…의 주파수로 줄지어 나타난다.

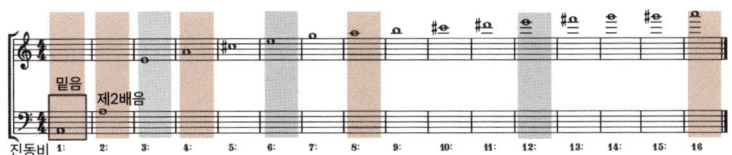

이때 숫자들의 비율을 음정으로 바꿔 보면 흥미로운 사실이 드러난다.

- 2:1 → 옥타브(가장 조화로운 음정)
- 3:2 → 완전5도(대표적인 협화음)
- 5:4 → 장3도(장조 화음의 핵심)

즉 우리가 '조화롭다'고 느끼는 화음의 뼈대는 이미 자연의 질서 안에 들어 있다. 화음은 인간이 만든 게 아니라 자연에서 '발견한' 질서라는 뜻이다.

수학적 비율이 만든 감정의 언어

우리가 수학을 논할 때 감정을 떠올리기는 쉽지 않다. 하지만 음악의 세계에서는 배음의 수학적 비율이 곧 감정의 언어가 된다. 완전5도는 안정적이고 넓은 울림을 주며 장3도는 밝고 따뜻한 느낌을 준다. 반면 배음의 비율이 복잡하거나 배음 간 간격이 멀어질수록 우리는 불협화음으로 인식한다. 즉 우리는 아주 단순한 숫자의 관계를 감정으로 해석하는 감각을 이미 가지고 태어났다.

음악이 언어 없이도 감정을 전달할 수 있는 이유다.

자연과 감정, 그 사이를 연결하는 고리

고대 그리스 철학자 피타고라스는 '모든 것은 수'라고 말했다. 피타고라스의 음악 이론 역시 배음과 음정의 수학적 비율에서 출발했다. 피타고라스는 현의 길이를 1:2, 2:3, 3:4로 바꾸면 음정이 옥타브, 완전5도, 완전4도로 나타난다는 사실을 발견했다. 이로 인해 피타고라스는 자연 속에 수의 질서가 있고, 수의 질서가 곧 음악의 질서라는 믿음을 가졌다.

오늘날 우리는 이 이론이 상징에 그치지 않고 실제로 물리적, 청각적으로 작동한다는 사실을 안다. 그리고 이는 단지 '좋은 소리'의 문제를 넘어 인간이 감정을 느끼는 방식, 음악을 조화롭게 구성하는 원리, 심지어 문화와 상관없이 통용되는 청각적 공감대까지 설명해 준다.

조화는 '느낌'이 아니라 '질서'다

결국 음악에서의 조화로움은 단지 취향이나 기분의 문제가 아니다. 그것은 자연이 만들어 놓은 질서 속에서 인간의 귀가 직관적으로 반응하는 감각의 문제다. 우리가 어떤 화음을 듣고 편안함을 느끼는 이유는 그 화음 안에 이미 배음의 질서, 즉 자연이 반복해 온 비율의 언어가 숨어 있기 때문이다.

자연과 타협한 인간의 기술 – 조율의 역사

음악은 자연의 질서를 따른다. 하지만 인간은 그 질서를 있는 그대로 받아들이지 않았다. 특히 악기를 조율할 때 사람들은 오래전부터 선택의 기로에 놓였다. 자연스럽고 조화로운 음정은 수학적으로 깔끔한 비율로 설명된다. 하지만 그 비율을 그대로 적용하면 한 옥타브 안에 12개의 음을 정확하게 배열할 수 없다는 모순이 생긴다.

자연은 조화를 주지만 불편함도 함께 준다

피타고라스는 2:1, 3:2, 4:3 같은 비율과 음정 사이의 관계를 밝혔다. 현의 길이를 절반으로 줄이면 옥타브가, 3분의 2로 줄이면 완전5도가 만들어진다.

이 방식을 따라 음을 쌓아 가면 조화로운 음을 만들 수 있다. 하지만 완

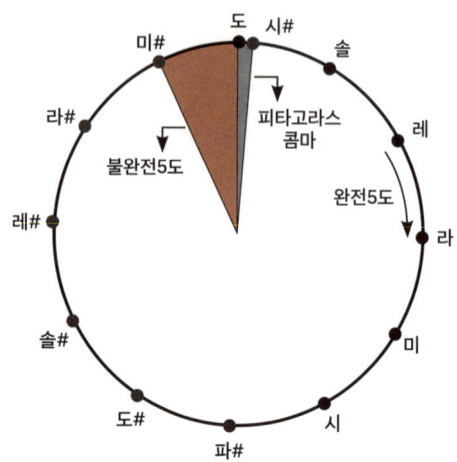

전5도를 12번 쌓아 다시 원래 '도'로 돌아가려고 하면 처음의 '도'와 정확히 일치하지 않고 미세한 어긋남이 생긴다. 이것이 바로 **피타고라스 콤마**(Pythagorean Comma)다.

자연의 배음은 완벽한 조화를 제시하지만 그 조화를 그대로 따르기에는 인간의 음악이 요구하는 유연함과 다양성이 너무 컸다.

이상적인 조화의 추구 – 순정률

그 후 등장한 **순정률**(Just Intonation, 純正律)은 배음에 기초한 단순한 정수 비율로, 한 옥타브 안에서 음정을 구성하려는 시도였다.

예를 들어 '도'를 기준으로 할 때, 다음과 같은 비율로 조율한다.

- '도-솔' → 3:2
- '도-미' → 5:4
- '도-파' → 4:3

이렇게 하면 C장조 안에서는 완전5도, 장3도, 단3도 등 모든 화음이 배음의 이상적인 비율에 맞춰진다. 그 결과 믿을 수 없을 만큼 투명하고 순도 높은 울림이 만들어진다.

하지만 이 방식에는 치명적인 약점이 있다. 특정 기준음(예: '도')을 중심으로 할 때는 조화롭지만, '레'나 '라' 같은 다른 음으로 전조하면 그 안에서의 음정 관계가 어긋나 조화로운 화음을 만들기 어렵다. 그래서 음이 이상하게 들리거나 어떤 음은 전혀 사용할 수 없을 정도로 틀어지기도 한다.

불완전한 조화로 얻은 자유 – 평균율

음악은 자연의 질서를 완전히 따르지도 완전히 벗어나지도 않는 절충안을 찾아냈다. 바로 오늘날 가장 널리 쓰이는 **평균율**(Equal Temperament)이 그것이다.

평균율은 옥타브를 12개의 반음으로 정확하게 나누고 각 음 사이의 간격을 모두 동일한 비율로 조정하는 조율법이다. 이 방식은 완전5도나 장3도에서는 약간의 왜곡이 생기지만 어떤 조성에서도 자유롭게 전조할 수 있다. 모든 화음이 적당히 조화롭고 일관된 울림을 유지한다.

배음의 자연 질서 관점에서 보면 평균율은 틀린 조율이다. 수학적으로는 평균율의 어떤 음정도 완벽하지 않다. 하지만 평균율은 미묘한 어긋남 덕분에 조화와 자유 사이의 균형을 맞출 수 있었다.

바로 이 어긋남에 대한 가능성 덕분에 바흐는《평균율 클라비어곡집》에서 모든 조성으로 작곡할 수 있었다. 그리고 음악은 이후 수백 년 동안 풍부한 화성과 복잡한 전조, 다양한 표현의 세계로 나아갔다.

조화는 선택과 균형의 결과다

음악은 자연이 제공한 배음의 질서와 인간이 요구한 음악적 자유 사이에서 끊임없이 조율되었다. 음악사는 곧 지속적인 타협과 발명의 역사다. 완벽한 조화만을 좇으면 다양한 조성, 전조, 변화는 어려워진다. 반대로 자유만을 좇으면 음악의 질서와 정서적 울림은 약해진다.

음악은 늘 묻는다.
어디까지 조화를 따르고, 어디서부터 자유로울 것인가?

이 질문에 대한 역사적 해답이 바로 피타고라스의 비율, 순정률의 맑음, 평균율의 타협, 그리고 수많은 음악가들의 치열한 선택이다.

좋은 소리란 무엇인가

음악은 물리적 질서 위에 서 있다. 배음은 소리의 구조를 결정하고 조율은 음악의 문법을 세운다. 하지만 그것만으로는 음악이 살아 숨 쉬지 않는다.

음악은 사람이 울려야 비로소 음악이 된다. 소리의 질서는 자연이 마련해 주지만 그 질서를 어떻게 사용할 것인가는 연주자와 성악가의 몫이다. 그들은 배음을 다듬고 음색을 조절하며 악기의 가능성을 극한까지 밀어붙인다. 그렇게 소리를 하나의 표현으로 완성해 나간다.

소리는 다듬어진다

바이올린 연주자가 활을 켤 때 선택하는 활의 각도, 힘의 강약, 손의 위치 하나하나가 배음의 구조를 미세하게 바꾼다. 배음의 배열이 달라지면 같은 음을 내더라도 전혀 다른 소리가 만들어진다.

관악기 연주자도 마찬가지다. 입술의 압력, 혀의 위치, 숨의 흐름…
모든 요소가 복합적으로 배음에 작용한다.

좋은 연주자는 단순히 음정을 정확히 맞추는 사람이 아니다.
배음을 조절하여 원하는 질감과 감정을 표현하는 사람이다.

목소리도 훈련으로 조형한다

사람의 목소리도 마찬가지다. 성대에서 발생한 진동은 입과 코, 흉곽과 같은 다양한 공명 공간을 지나며 비로소 소리로 형성된다. 이때 어떻게 소리를 보내고 어떻게 공명을 유도하는가에 따라 같은 음도 전혀 다른 음색으로 나타난다.

성악가는 입안의 모양, 혀의 위치, 공기의 흐름과 압력, 공명의 위치를 섬세하게 조절하여 원하는 배음을 의도적으로 만들 수 있도록 훈련받는다. 수년간의 반복 훈련으로 청각적 감각과 몸의 통제력을 갖춘다. 그래서 뛰어난 성악가의 목소리는 단순히 '크고 고운 소리'가 아니라 **정확히 의도된** 울림의 결정체다.

'좋은 소리'는 정답이 없다

좋은 소리란 과연 무엇인가? 이 질문에 정답은 없다. 시대에 따라, 문화에 따라, 표현하려는 정서에 따라 좋은 소리는 전혀 다른 형태로 나타난다. 바로크 시대에는 공명보다 선율의 명료함을 중요시했고, 낭만주의 시대에는 풍부한 배음과 감정의 울림을 추구했다. 현대 음악은 거칠고 왜곡된 배음마저 표현의 도구로 삼는다.

결국 중요한 것은 자신이 표현하고자 하는 바를 명확히 인식하고, 그에 맞는 소리를 얼마나 정교하게 만들어 낼 수 있는가이다.

기술과 감성 사이의 균형

좋은 소리는 기술로만 만들어지지 않는다. 아무리 정밀하게 조율하고 배음을 조절해도 거기에 감성, 선택, 의미가 없으면 그 소리는 아무것도 말하지 않는다. 반대로 감성만 존재하고 기술이 부족하면 소리는 흐릿하고 조화롭지 않게 들린다.

진정한 소리는 기술과 감성, 질서와 상상력 사이의 균형에서 나온다. 음악은 자연의 물리적 질서를 바탕으로 하되 그 위에 인간의 감각과 표현이 더해져 비로소 완성된다.

배음을 듣는 귀와, 배음을 다루는 손.
그 사이에서 음악은 살아 있다.

배음은 보이지 않지만
모든 소리의 성격을 결정짓는
질서의 언어다.

음악은
무엇으로 만들어지는가?

리듬, 멜로디, 화성

음악은 인간의 감각 가운데 가장 본능적인 영역을 자극하면서도 가장 복잡한 인지 작용을 요구하는 예술이다. 우리는 음악을 단지 듣기만 하는 것 같지만 음악은 몸을 움직이게 한다. 음악을 들으며 감정만을 느끼는 것 같지만 음악은 생각을 유도하기도 한다. 또한 음악은 흐르는 것 같지만 어떤 기억을 깊이 각인시킨다. 우리는 음악을 들으며 눈물이 솟고 웃음이 터지며 설명할 수 없는 감정의 무게를 느낀다.

왜 음악은 이토록 강력하게 인간을 사로잡는가?

그 이유는 음악이 단순한 청각 자극에 그치지 않고 뇌 전체를 작동시키는 복합적 경험으로 작용하기 때문이다. 음악을 듣는 순간 우리의 뇌는 감정과 기억, 운동과 예측, 언어와 판단 기능을 동시에 작동시킨다. 이 모든 반응은 단 몇 초의 멜로디만으로도 일어난다.

좋아하는 음악을 들을 때 우리는 저절로 고개를 끄덕이거나 가만히 따라 부르곤 한다. 때로는 아주 오래된 장면을 떠올리기도 한다. 이는 우리 몸과 감정, 그리고 뇌 전체가 음악과 '동조'하고 있다는 신호다. 음악은 우리 안의 시간을 흔들고 감정을 깨우며 기억의 문을 여는 예술이다. 그렇다면 음악은 어떤 구조를 통해 이런 힘을 발휘하는가?

음악의 구조에는 크게 세 가지 요소가 있다.
바로 **리듬, 멜로디, 화성**이다.

리듬은 소리를 시간 위에 배열하며 우리 몸을 움직이게 만든다. 멜로디는 감정을 따라 흐르고 기억의 흔적을 자극한다. 화성은 여러 음 사이의 관계를 통해 감정의 색을 입히고 분위기를 설계한다. 이 세 가지는 각기 다른 방식으로 우리의 감각과 뇌를 자극하며 음악을 하나의 살아 있는 경험으로 만든다.

음악은 이 세 가지 뼈대를 중심으로 구조를 이루고 감정을 설계하며 시간을 조형한다. 이제 우리는 이 세 가지 요소 — 리듬, 멜로디, 화성이 어떻게 우리의 몸과 감정, 그리고 기억에 작용하는지를 하나씩 살펴보려 한다. 우리가 왜 음악에 이끌리는지를 스스로에게 되묻는 여정이 될 것이다.

몸이 먼저 반응하는 음악 – 리듬

음악은 시간의 예술이다. 소리는 정지되어 있지 않고 일정한 흐름 속에서 존재한다. 리듬은 이러한 소리의 흐름에 뼈대를 세우는 역할을 한다. 리듬은 음악의 가장 원초적인 구조이자 우리 몸이 음악에 반응하는 첫 번째 언어다.

우리가 본격적으로 음악을 듣기 전부터 이미 우리는 리듬과 함께 살고 있다. 심장 박동, 숨 쉬는 주기, 음의 간격 같은 생리적 리듬은 우리의 삶을 기본적인 시간 구조 위에 얹는다. 인간은 '리듬적인 존재'이며 음악은 그 리듬을 자극하여 우리 몸 전체를 움직이게 한다.

음악 심리학자 로베르 주르댕(Robert Jourdain)은 **우리는 몸속에 메트로놈을 품고 있는 존재**라고 말한다. 주르댕의 말처럼 우리가 음악을 제대로 이해하기도 전에 리듬은 이미 우리 안에 내재한다. 손뼉을 치고 발을 구르고 고개를 흔드는 행위는 단순한 습관이 아니다. 이러한 행위는 뇌의 본능적인 작용에서 비롯된다.

현대 신경 과학은 이러한 과정을 더욱 정밀하게 설명한다. 리듬은 단지 청각 영역만을 자극하지 않는다. 소뇌(Cerebellum), 기저핵(Basal Ganglia), 운동 피질(Premotor Cortex)과 같은 운동과 계획, 예측을 관장하는 영역들도 리듬을 인식하고 리듬에 반응한다. 음악이 흐를 때 우리가 저절로 몸을 움직이는 이유는 뇌가 시간 패턴을 운동 정보로 변환하고 있기 때문이다.

리듬은 기분을 바꾸고 심장 박동과 호흡 같은 생리적 기능에도 영향을 미친다. 2006년 시행된 베르나르디(Bernardi)의 연구에 따르면 느린 템포의 음악은 심박수를 낮추고 안정감을 주며, 빠른 템포의 음악은 각성과 흥분 상태를 유도한다. 음악 치료에서는 이러한 특성을 활용하여 환자의 상태에 따라 리듬을 조절하여 심리적·신체적 안정을 유도하기도 한다. 예를 들어 불안 장애 환자에게는 느리고 부드러운 템포의 음악을 들려주며 주의력 결핍 환자에게는 일정한 박자를 유지하는 리듬의 음악이 처방되기도 한다.

리듬이 반드시 '소리'일 필요도 없다. 춤의 동작, 말의 억양, 몸짓과 표정 등도 모두 리듬이 될 수 있다. 아이들은 언어를 배우기 전에 먼저 억양과 리듬을 인식하고 몸짓을 통해 의미를 표현한다. 우리는 리듬을 '듣기' 전에 이미 리듬과 '살고' 있다.

리듬은 문화마다 다른 방식으로 진화해 왔다. 서양 음악은 주로 규칙적인 박자와 정해진 시간 단위를 중심으로 발전했지만 아프리카의 전통 음악은 복잡한 **폴리리듬**(Polyrhythm) 구조를 활용하여 리듬 자체를 감정의 언어로 사용했다. 폴리리듬이란 두 가지 이상의 서로 다른 박자가 동시에 연주되는 것을 말한다. 예를 들어 한쪽에서는 두 박을 치고 다른 쪽에서는 세 박을 치는 식이다. 이렇게 겹쳐진 리듬이 만들어 내는 긴장과 조화는 음악에 생동감을 부여한다.

다양한 리듬 체계는 서양 작곡가들에게도 깊은 영향을 주었다. 헝가리 작곡가 바르톡은 동유럽 민속 리듬을 바탕으로 한 복잡한 시간 구조를 실험했고, 러시아 출신의 미국 작곡가 스트라빈스키는 고전적 박자에 도전하며 새로운 감각의 리듬을 만들었다. 재즈의 스윙(Swing), 록의 백비트(Backbeat), 힙합의 루프 구조 역시 리듬을 단순한 배경이 아닌 주인공으로 부각시켰다. 이는 음악사에서 혁신적인 변화였다.

완벽하고 정확한 리듬보다 **약간 어긋난 리듬**에서 더 큰 쾌감을 느낀다는 사실은 흥미롭다. 인지 심리학자들에 따르면 뇌는 예측을 좋아하지만 그 예측이 살짝 빗나갈 때 오히려 더 큰 만족감을 경험한다. 그래서인지 재즈의 밀고 당기는 리듬, 라틴 음악의 싱코페이션(Syncopation), 일렉트로닉 음악의 반복 루프에는 청자를 매혹시키는 강한 매력이 있다.

리듬은 하나의 질서를 세우지만 또한 자유를 부른다.
그것은 통제인 동시에 해방이며 변주의 시작이다.

군악대의 행진곡은 질서를 상징하고 재즈 클럽의 드럼 연주는 해방을 의미한다. 리듬은 살아 움직이는 생명력이다. 음악이 흐를 때 몸이 저절로 반응하는 이유, 멈춰 있던 마음이 다시 움직이기 시작하는 이유가 여기에 있다. 리듬은 우리 안에 있고 우리를 움직인다. 음악은 아직 한 음도 시작하지 않았는데 이미 우리는 그것을 듣고 있었는지도 모른다.

▮▮▮ 추천 음악

스티브 라이히 〈클래핑 뮤직(Clapping Music)〉

두 명의 연주자가 손벽 소리만으로 만드는 이 곡은 악기 없이 '리듬'만으로도 음악이 성립할 수 있음을 증명한다. 리듬의 독립성과 순수성을 직접 체험할 수 있는 대표적인 작품이다.

폴 데즈먼드 작곡, 데이브 브루벡 콰르텟 연주 〈테이크 파이브(Take Five)〉

5/4박자라는 비전통적 구조를 사용하여 익숙한 규칙을 깨뜨렸을 때의 매혹을 보여 준다. '예측과 어긋남'이 주는 쾌감을 음악적으로 구현한 예다.

감정과 기억을 자극하는 기술 – 멜로디

한 줄의 선율이 음악의 전부인 것처럼 느껴질 때가 있다. 가사도 없고 화려한 반주도 없지만 오직 선율 하나가 오래전의 향수를 불러일으키고 말로는 설명할 수 없는 감정을 자극한다. 어떤 멜로디는 수십 년이 지나도 생생하게 기억에 남는다. 왜 멜로디는 이토록 강하게 우리를 사로잡을까?

멜로디는 음악에서 가장 인간적인 요소다. 리듬이 '몸'을 움직이고 화성이 '분위기'를 물들인다면 멜로디는 '감정'과 '기억'을 부른다. 우리는 말보다 먼저 멜로디를 배운다. 어릴 적 자장가를 들을 때면 가사 없이도 편안함을 느꼈고 멜로디 자체가 다정한 손길처럼 다가왔다. 이것은 단지 감각이 아니라 감정과 기억이 함께 저장된 신경 작용이다.

인지 심리학자 레너드 마이어(Leonard Meyer)는 멜로디가 감정을 일으키는 구조는 '예상(Expectation)'과 '지연(Delay)' 사이의 긴장 구조에서 나온다고 설명한다. 우리는 선율의 흐름을 따라가며 다음 음을 예측하는데 그 예상이 잠시 유보되거나 또는 전혀 다른 방향으로 흘러갈 때 보다 깊은 감정이 생겨난다. 감정은 흐름을 멈추지 않는다. 잠시 숨을 고르고 기다렸다가 돌아오는 동안 더 크게 출렁인다.

이처럼 멜로디는 **예측**과 **어긋남**, 그리고 **해소의 리듬**으로 감정을 설계한다. 음의 높낮이와 길이, 선율의 방향은 감정선을 따라 움직인다. 이때 감정과 멜로디의 상관관계는 문화마다 서로 다른 양상을 보인다.

음악 사회학자 필립 태그(Philip Tagg)는 "감정과 멜로디의 연결 방식은 문화적으로 학습된 정서 코드에 따른다"라고 말했다. 그에 따르면 같은 선율의 흐름도 어떤 문화에서는 애잔함이었던 정서가 다른 문화에서는 희망으로 받아들여질 수 있다.

멜로디는 감정뿐 아니라 기억을 붙잡는 장치이기도 하다. 해마(Hippocampus)는 선율을 감정과 함께 저장하며 이는 자서전적 기억과도 연결된다. 뇌 과학자 페트라 야나타(Petra Janata)는 fMRI 실험을 통해 음악이 삶의 특정 시기나 경험을 담당하는 뇌 영역과 직접 연결된다는 사실을 입증했다.

그래서 어떤 멜로디는 **시간의 문을 여는 열쇠**가 된다.

멜로디는 반복과 차이, 규칙성과 예외의 균형 속에서 우리 뇌를 자극한다. 인지 신경학자 다니엘 레비틴(Daniel Levitin)은 뇌는 멜로디를 예측하고 싶어 하는 구조를 가지고 있으며 그 예측이 맞거나 살짝 빗나갈 때 도파민 분비와 쾌감이 유도된다고 설명한다.

이러한 현상은 모차르트의 음악에서 가장 명확하게 드러난다. 모차르트의 멜로디는 간결하지만 단조롭지 않고, 예측되는 듯하지만 항상 살짝 비껴가며 예기치 않은 놀라움을 준다. 그래서 따라 부르기 쉬우면서도 지루하지 않다.

현대 대중음악도 이러한 원리를 그대로 활용한다. 케이팝(K-Pop)은 짧고 강한 멜로디, 후렴구의 상승 구조, 반복과 반전의 배치를 통해 기억에 오래 남는 구조를 만들어 낸다. 광고 음악 역시 멜로디를 중심에 두고 설계하여 한 번만 들어도 따라 부를 수 있도록 만든다.

'중독성 있는 멜로디'라는 말은 과장이 아니다. 반복과 기억, 감정 반응이 연결되며 도파민이 분비되는 실제 생리 작용이 있기 때문이다. 멜로디는 리듬 위에서 흐르지만 멜로디의 움직임은 하나의 이야기처럼 느껴진다. 어디론가 향하고 머뭇거리고 다시 돌아오는 구조 속에서 우리는 선율에 감정을 싣고 기억을 얹는다.

멜로디는 말없이 우리에게 말을 걸고
가끔씩은 우리를 울고 웃게 한다.

그것이 바로 멜로디의 힘이며
우리가 음악을 사랑하는 본질적인 이유다.

ılılı **추천 음악**

브람스 〈자장가(Wiegenlied) Op.49, No.4〉

 단순하고 반복적인 선율이 안정감과 예측 가능성을 주며 '반복과 변주가 만들어 내는 정서적 효과'를 가장 순수하게 보여 준다. 그렇게 음악은 감정을 다독이고, 삶의 리듬을 드러낸다.

감정에 색을 입히는 기술 – 화성

같은 멜로디인데 왜 어떤 때는 밝게 들리고, 어떤 때는 서늘하게 느껴질까? 같은 멜로디인데 왜 어떤 영화 장면에서는 울컥하게 만들고, 어떤 장면에서는 긴장을 불러오는 걸까? 그 차이를 만들어 내는 것이 바로 화성(Harmony)이다.

화성은 여러 음이 동시에 울릴 때 생기는 '음 사이의 관계'다. 화성은 멜로디가 지닌 감정을 입체화하고 음악 전체의 분위기를 설계하는 강력한 원리다. 한 음 한 음이 선율을 그려 간다면 화성은 선율에 색을 입히고 그림자를 드리운다. 멜로디가 음악의 '문장'이라면 화성은 그 문장에 감정의 조명을 비추는 장치다.

화성의 대표적인 기능 가운데 하나는 **감정의 농도 조절**이다. 같은 멜로디라도 장조(Major) 화음을 입히면 밝고 경쾌하게, 단조(Minor) 화성을 입히면 어둡고 슬프게 들린다.

특히 영화 음악에서 **화성의 전환**은 결정적인 역할을 한다. 단 하나의 화음만으로도 장면 전체의 분위기를 바꾼다. 불협화음은 긴장과 불안을, 협화음은 평화와 안정감을 느끼게 하며 해당 장면에 필요한 분위기를 조성한다.

화성은 단지 '쌓는 기술'이 아니라 '진행하는 구조'다. 화성은 마치 문장처럼 앞뒤 맥락이 있다. 예상 가능한 흐름은 안정감을, 예상 밖의 전개는 놀라움과 몰입을 유도한다. 청자는 이를 의식하지 못하더라도 뇌는 흐름과 전개를 감지하고 정서적으로 반응한다.

흥미로운 점은 이렇게 복잡하게 체계화된 화성 개념이 서양 음악에서만 본격적으로 발전했다는 사실이다. 인도, 중동, 동아시아 음악은 주로 단선율이나 멜로디 중심 구조를 기반으로 한다. 즉 화성보다는 선율의 장식과 변형에 미학적 가치를 둔다.

음악학자 리처드 타루스킨(Richard Taruskin)은 서양 화성 이론의 기원을 고대 그리스의 수학적 음률 체계와 중세 교회 음악의 **다성**(Polyphony) 전통에서 찾는다. 다성은 음과 음 사이의 수직적 관계를 탐구하게 만들었고 이것이 발전하여 장·단조 체계와 현대 화성법이 형성되었다.

그렇다면 왜 어떤 화음은 편안하게 느껴지고
어떤 화음은 불편하게 느껴지는 걸까?

이 질문의 핵심은 **청각 처리와 감정 시스템의 작동 방식**에 있다.

인간의 뇌는 소리의 절대 높이뿐 아니라 음들 사이의 주파수 비율을 계산한다. 주파수 비율이 단순하고 정돈되어 있을수록(예: 옥타브, 완전5도)

조화롭고 안정적인 화음이라고 느낀다. 이때 도파민이 분비되며 뇌의 보상 회로가 활성화된다.

반면 불협화음은 약간의 긴장을 유도한다. 하지만 긴장이 해소되면 더 큰 만족이 따라온다. 이것이 바로 화성이 감정을 다루는 방식이다. 음을 의도적으로 이탈하고 다시 돌아오게 하여 긴장을 만들고 해소한다.

화성은 감정의 리듬을 조각한다.

최근 뇌 영상 연구에 따르면 화성 구조에 따라 자율 신경계 반응도 달라진다. 안정된 화성은 심박수를 낮추고, 불안정한 화성은 경계 반응을 유도한다. 이렇듯 화성은 감정과 생리 반응을 조절하는 정교한 신호 체계다.

결국 화성은 음악에 공간감을 부여하고 감정에 방향성을 부여한다. 우리는 멜로디를 따라가며 이야기를 듣지만 그 이야기가 밝은지 어두운지, 편안한지 불안한지를 결정하는 건 화성이다. 멜로디가 감정을 만든다면 화성은 감정의 농도를 조절한다.

화성은 음악의 감정 온도 조절기이자
마음에 색을 입히는 손길이다.

세 요소의 상호 작용

음악은 리듬, 멜로디, 화성이라는 세 개의 기둥으로 세워진다. 그러나 우리가 실제로 듣는 음악은 그것들이 **동시에 작동**하는 감각적 구조물 이다. 리듬은 멜로디를 움직이게 한다. 멜로디는 화성을 만나 감정을 입는다. 화성은 다시 리듬의 흐름에 따라 긴장과 해소의 호흡을 만든 다. 이 세 요소는 독립적으로 존재하지 않는다. 오히려 하나의 음악 안 에서 얽히고설키며 감정의 건축물을 만든다.

예를 들어 보자. 어느 곡의 도입부에서 천천히 반복되는 리듬 위로 단 조로운 멜로디가 흐르고 그 위에 어둡고 불안한 화성이 더해질 때 우리 는 긴장을 느낀다. 그러다가 리듬이 점점 빨라지고 멜로디가 상승하며 화성이 점차 해소되는 방향으로 나아가면 감정은 고조되었다가 풀어진 다. 때로는 이 과정에서 위로를 받기도 한다.

이러한 흐름은 단 하나의 요소만으로 만들어지지 않는다. 리듬, 멜로디, 화성이 유기적으로 설계된 감정의 구조만이 청자의 마음을 흔들 수 있다.

장르에 따라 이 세 요소의 결합 방식은 다양하게 변주된다. 클래식 음악에서는 세 요소가 정교한 형식을 따라 긴밀하게 조화한다. 예를 들어 베토벤의 교향곡에서는 리듬이 동기를 만들고 멜로디가 발전시키며 화성이 전체 구조를 지탱한다. 재즈에서는 리듬의 유연함, 화성의 자유로운 전환, 멜로디의 즉흥성이 결합하여 '지금 이 순간'을 끊임없이 새롭게 창조한다. 대중음악에서는 기억에 각인되는 멜로디가 중심이 되지만 리듬과 화성도 감정을 유도하기 위한 정밀한 도구로 작동한다.

우리가 음악을 들을 때는 이 요소들을 따로따로 인식하지 않는다. 우리는 전체적인 느낌, 분위기, 흐름을 감각적으로 받아들인다. 하지만 그 안에는 항상 시간의 골격(리듬), 감정의 선율(멜로디), 정서의 배경(화성) 이 세 가지가 눈에 보이지 않게 작동하고 있다.

이 셋이 서로의 얼굴이 되어 주는 순간 음악은 하나의 구조화된 감정이 된다. 세 요소가 동시에 작동할 때 음악은 소리로 된 언어가 된다. 그 언어는 말보다 더 직관적이고 이미지보다 더 감각적이며 논리보다 더 깊게 감정에 닿는다.

우리는 왜 음악에 사로잡히는가

음악은 귀로 듣는 예술이지만 사실은 온몸으로 느끼는 경험이기도 하다. 리듬은 우리의 심장과 걸음을 자극하고, 멜로디는 감정을 흔들며, 화성은 감정의 배경을 채색한다. 음악이 시작되면 뇌는 청각뿐만 아니라 운동계, 감정계, 기억계를 동시에 작동시킨다. 우리가 음악을 듣는다는 것은 단순히 듣기만 하는 게 아니라 느끼고 반응하며, 기억하고 움직이는 것이다.

음악은 우리 안의 수많은 회로를 동시에 깨우는 예술이다. 소리는 귀에 닿지만 음악은 전신에 퍼진다. 이처럼 음악은 감각을 넘어 공감의 예술로 작동한다. 같은 음악을 들으며 사람들은 저마다 다른 기억을 떠올리고 서로 다른 감정을 느낀다. 이렇게 차이가 존재하지만 음악 안에서는 서로 연결된다.

음악은 개별의 감정을 끌어내면서도 사람들을 하나로 묶는다. 말보다 먼저 닿고 논리보다 깊이 스며드는 공감의 언어. 그것이 바로 음악이다. 신경 과학자 아니루드 파텔(Aniruddh D. Patel)은 음악을 이렇게 정의한다.

> 음악은 정서적, 사회적, 생리적 연결이 동시에 일어나는
> 유일한 예술이다.

우리는 음악을 통해 감정을 표현하고, 기억을 공유하고, 몸을 움직이며 함께 호흡한다. 이처럼 감각과 인지, 사회적 연결이 동시에 작동하는 예술은 드물다. 그래서 음악은 때로 말보다 더 큰 위로가 되고 논리적인 설명보다 더 강한 설득력을 갖는다.

음악이 생존을 위한 필수 요소는 아니다. 하지만 인간은 음악 없이 온전할 수 없다. 리듬은 질서와 에너지를, 멜로디는 이야기와 감정을, 화성은 깊이와 공간을 만든다. 세 요소는 각각 따로 작동하면서도 하나의 유기체처럼 움직이며 우리 안의 인간성을 일깨운다.

그래서 우리는 음악에 사로잡힌다.

음악은 살아 있는 시간이고, 기억의 촉매이며, 감정의 거울이다.

그리고 그 중심에는 언제나
리듬, 멜로디, 화성 — 이 세 가지가 있다.

ılıllı **추천 음악**

방탄소년단 〈봄날〉

 단순한 비트와 반복되는 멜로디, 밝고 어두움을 오가는 화성 속에 복잡한 감정의 결이 담겨 있다. 본문에서 언급한 '음악 요소와 개인의 기억·감정의 연결'이 전 세계 청자에게 공감을 불러일으키는 이유다.

음악은 리듬의 생명력, 멜로디의 감정,
그리고 화성의 질서 위에 세워진
들리는 건축물이다.

8강

음악은 왜
형식을 필요로 할까?

형식은 음악의 질서이자 기억의 틀이다

음악은 끊임없이 흐른다. 매 순간 달라지며 결코 되돌아가지 않는다. 그러나 그 속에서 우리는 어떤 소리를 기억하고 어떤 구조를 따라간다. 형식은 바로 흐름에 질서를 부여하는 틀이다. 형식은 음악을 구성하는 보이지 않는 뼈대이며 듣는 이의 기억과 만나는 지점이다. 어느 부분에서 멜로디가 반복되고 어디서 긴장이 쌓이며 언제 해소되는지를 느낄 수 있는 이유는 음악이 구조를 가지고 있기 때문이다.

형식은 기술이 아니라 기억을 위한 지도다. 형식이 없다면 음악은 빠르게 사라지고 말 것이다. 하지만 형식이 있을 때 우리는 음악을 따라간다. 어디선가 들었던 선율이 되돌아오고 반복 속에서 익숙함이 생기며 예기치 않은 전환에서 놀라움을 느낀다.

하이든의 《교향곡 제94번 '놀람'》 2악장은 그 좋은 예다. 조용히 반복되던 주제 위에 갑자기 등장하는 강박(強拍)은 청자의 예측과 기억 위에 작곡된 하나의 구조적 장치다.

익숙해진 형식은 기대를 만든다. 기대는 변화 앞에서 감정의 반응을 일으킨다. 이게 바로 형식이 가진 힘이다. 언어가 문법을 가지고 있듯 음악도 자기만의 문법을 가진다. 형식이라는 문법을 통해 음악은 말없이도 말이 된다. 논리처럼 흐르고 이야기처럼 전개된다.

형식은 음악을 설명하지 않지만
그 구조를 따라가는 순간
음악은 시간 속에 살아 있는 생각이 된다.

ıllılı 추천 음악

하이든 《교향곡 제94번 '놀람'》 2악장

 조용한 선율이 반복되다 갑작스럽게 강한 화음이 터져 나온다. 예상치 못한 순간이 청자의 귀와 마음을 흔들며 음악의 형식이 어떻게 감각에 작용하는지를 분명히 보여 준다.

형식은 말없는 문법이며 논리다

형식은 단지 음악의 구조를 정립하기 위한 도구가 아니다. 형식은 음악이 생각을 담는 방식이며 감정을 전개하는 질서다. 어떤 형식을 택하느냐에 따라 같은 주제도 전혀 다른 느낌으로 전개될 수 있다. 말투가 달라지면 감정의 궤적이 달라지는 것과 같다.

언어가 문법을 바탕에 두고 의미를 형성하듯 음악도 형식을 기반으로 방향과 흐름을 만들어 낸다. 어순과 문장 구조, 강조와 반복이 언어 사용자에게 길을 제시하듯 음악의 형식은 소리들 사이의 관계를 설정하고 주제와 대조, 전개와 귀환의 흐름을 만든다.

이 흐름은 청자에게 논리처럼 느껴지는 감정의 전개를 제공한다. 드러나지 않지만 음악에는 분명한 구조와 의미가 흐르고 있다.

모차르트의 《피아노 소나타 제16번 K.545》는 이런 구조의 정수를 보여 주는 대표적인 예다. 제1주제는 밝고 명확한 선율로 시작되고 이어서 등장하는 제2주제는 온화하고 부드럽게 등장한다. 발전부에서는 두 주제가 서로 뒤섞이고 변형되면서 긴장을 만들고, 재현부에서는 처음 들었던 주제가 돌아오되 조성은 통일되고 갈등은 해소된다.

이처럼 음악은 말없이 논리를 펼치고 감정의 흐름에 따라 생각을 전개해 나간다. 형식은 감정을 가두는 틀이 아니라 감정을 이해할 수 있게 만드는 구조다. 사고가 흐르듯 음악이 흘러갈 수 있도록 돕는 문법이기도 하다.

음악은 말하지 않지만
형식을 통해 말보다 더 깊은 논리를 들려준다.

 추천 음악

모차르트 《피아노 소나타 제16번 K.545》

간결한 소나타 형식 속에서도 감정의 섬세한 흐름이 드러난다. 형식은 단순한 틀을 넘어 음악이 의미를 전달하는 문법이 된다는 것을 잘 보여 준다.

형식이 사유가 된 순간 – 고전주의와 소나타 형식

앞에서 살펴보았듯 형식은 음악의 문법이자 논리다. 그중에서도 소나타 형식은 단순한 구조적 틀을 넘어 하나의 사유 체계로 발전했다. 고전주의 시대, 사람들은 음악을 통해 사유했고 형식 안에서 감정을 정리했다. 소나타 형식은 시대적 사고방식이 음악 안에 담긴 구조였으며 감정의 흐름을 설계하는 대표적인 형식이었다.

하이든, 모차르트, 베토벤으로 이어지는 작곡가들은 이 형식을 단순한 반복이나 정형화된 틀이 아니라 감정과 아이디어를 설계하는 미학의 도구로 사용했다. 수많은 교향곡, 실내악, 협주곡, 피아노 소나타가 소나타 형식을 기반으로 쓰였다. 감정은 논리적으로 확장되고 형식은 감정의 깊이 속에서 완성되었다.

고전주의는 질서를 사랑한 시대였다. 계몽주의가 이성과 균형으로 세상을 설명하려 했듯 고전주의 음악은 소리의 세계를 구조와 논리로 정돈하고자 했다. 감정은 억제해야 할 대상이 아니라 **형식 속에서 표현되고 조율되어야 할 대상**이었다. 소나타 형식은 이러한 시대정신에 가장 잘 부합하는 틀이었다. 서로 다른 주제를 제시하고 그 사이의 갈등을 발전시키며 마침내 조화롭게 재현하는 흐름의 구조는 하나의 드라마이자 감정과 사고가 동시에 전개되는 사유의 모델이었다.

질문과 대답, 혼란과 정리, 긴장과 해소.
소나타 형식은 음악이 논리로 움직이던 시대의 언어였다.

특히 베토벤에게 소나타 형식은 단순한 작곡의 틀이 아니었다. 그는 소나타 형식 안에 자신의 사상과 감정, 존재의 물음을 담았다. 초기 피아노 소나타에서부터 후기 교향곡에 이르기까지 베토벤의 음악은 형식을 기반으로 새로운 내용을 실어 나르며 감정과 논리, 자유와 질서 사이의 역동성을 끊임없이 탐구했다.

예컨대《피아노 소나타 제17번 '템페스트'》에서는 불안한 제시부가 발전부에서 격렬하게 흔들리고 재현부에서 마치 정돈된 듯 다시 안정적으로 돌아온다. 이 흐름은 단순한 형식이 아니라 의식의 흐름이자 감정의 전개이며 사유의 구성이다.

형식은 감정의 표출이 아니라 감정의 구성이다. 그 안에는 인간이 세계를 바라보는 방식, 감정을 다루는 태도, 그리고 질서를 통해 자유를 추구하려 했던 시대의 숨결이 담겨 있다. 소나타 형식은 그래서 작곡 기술의 산물이 아니라 18세기 세계 인식의 구조가 음악에 구현된 하나의 형식 철학이다.

ılıl.ıl. **추천 음악**

베토벤《피아노 소나타 제17번 '템페스트'》 1악장

급격한 대비와 극적인 전개 속에서 감정의 소용돌이가 펼쳐진다. 제시부-발전부-재현부의 흐름이 사유의 구조처럼 작동하며 단순한 틀을 넘어 감정의 언어가 되는 소나타 형식을 보여 준다.

감정의 해방, 형식의 변주 – 낭만주의

고전주의가 형식을 통해 질서를 말하려 했다면 낭만주의는 감정을 통해 진실에 다가가고자 했다. 더 정확히 말하자면 감정 자체가 진실이었다. 19세기 초, 유럽의 예술가들은 이전 시대의 규범에서 벗어나기 시작한다. 형식보다 자유가, 이성보다 감성이 중요해지고 개인의 내면이 예술의 중심으로 부상했다. 음악 역시 이러한 흐름에서 완전히 자유로울 수 없었다.

낭만주의 작곡가들은 고전주의가 남겨 놓은 틀을 그대로 따르지 않았다. 형식을 완전히 부정하지는 않았지만 그보다 감정을 전면에 내세웠다. 소나타 형식은 여전히 사용되었지만 그것이 절대적인 기준은 아니었다. 주제는 자유롭게 흘렀고 발전부는 예측할 수 없는 감정의 소용돌이였다.

변화의 조짐은 이미 베토벤의 말기 작품에서 시작된다. 그 뒤를 이은 슈베르트, 멘델스존, 슈만, 쇼팽, 브람스, 리스트, 바그너는 각자의 방식으로 형식을 변주하며 감정과 상상이 자유롭게 흐르는 새로운 음악적 공간을 만들었다.

낭만주의는 감정이 형식을 밀어낸 시대다. 그 말은 곧 새로운 형식을 요구한 시대라는 뜻이기도 하다. 즉흥적으로 들리는 형식, 시적인 흐름, 환상곡 같은 유동적 구조가 등장했다. 슈만의 〈환상곡〉, 리스트의 《순례의 해》, 쇼팽의 〈즉흥곡〉 등은 고전적 형식에서 벗어나 감정의 흐름 자체를 구조로 삼았다.

형식이 사라진 것이 아니다. **감정과 상상의 질서**가 나타나 기존의 형식을 대체한 것이다. 그 질서는 이전보다 덜 논리적이고 덜 예측 가능하지만, 더 시적이고 내면적이며 고백적이었다.

낭만주의 음악은 하나의 내면이 펼쳐지는 풍경이다. 자아가 흔들릴 때 음악도 흔들렸고 감정이 격정적일수록 형식은 유동적으로 변했다. 이러한 변화는 개인주의의 확산 때문만은 아니었다. 19세기 유럽은 정치적·사회적으로 불안정했다. 혁명과 전쟁, 산업화와 도시화, 전통 질서의 해체 등 격변의 과정을 겪으며 음악은 한 사람의 내면을 통해 세계를 반영하고자 했다.

음악은 이제 공동체의 언어가 아니라 개인의 독백이 되었다. 독백을 담기 위해서는 이전과는 다른 그릇, 새로운 형식이 필요했다. 낭만주의는 그 형식을 자유로움으로 만들어 냈다.

ıllıl. **추천 음악**

슈만《피아노 협주곡 a단조, Op. 54》

 개인의 내면을 섬세하게 표현하면서도 오케스트라와 피아노가 긴밀히 대화한다. 낭만주의가 추구한 상상력과 형식의 유동성을 모두 품고 있다.

음악의 새로운 길 - 20세기 이후

19세기 말, 음악의 중심은 오직 감정이었다. 낭만주의는 한 개인의 내면을 끝까지 밀어붙였고 음악은 규칙의 틀을 필요로 하지 않는 듯 보였다. 형식은 흐릿해졌고 자아가 음악의 유일한 기준이 되었다.

그러나 20세기 초, 음악은 또 다른 방향으로 나아간다. 감정조차 하나의 규범일 수 있다는 자각은 음악가들로 하여금 모든 전제와 틀을 의심하게 만들었다. '음악이란 무엇인가?'라는 본질적인 질문이 다시 던져졌다.

쇤베르크는 조성 체계를 해체하고 12음 기법을 만들었다. 존 케이지는 소음과 침묵, 우연과 시간성을 음악의 일부로 끌어들였다. 스트라빈스키는 원시성과 리듬에 주목하며 감정 표현의 전통을 깨뜨렸고, 리게티와 펜데레츠키는 미세한 음향 구조와 음색의 변화를 통해 이전에는 없던 청각의 감각을 창조해 냈다.

이 시대의 음악은 하나의 실험이자 선언이었다. 형식은 절대적인 규범이 아닌 탐구의 도구가 되었다. 작곡가는 스스로 세계를 정의하고 청중은 각자의 해석을 더하여 음악을 완성한다.

이처럼 형식과 틀을 해체하려는 움직임이 거셌던 20세기에도 모든 게 완전히 무너진 것은 아니었다. 오히려 고전적인 형식과 언어를 새롭게 되살리려는 조용한 반동도 있었다. 아르보 페르트는 중세의 단순한 선율로 현대의 고요를 표현했고, 한스 베르너 헨체와 알프레드 슈니트케는 바로크와 낭만주의, 20세기 기법을 자유롭게 넘나드는 다중 스타일 (Multiple Style)을 통해 '과거 이후의 음악'을 시도했다.

20세기의 음악은 '무형식'을 지향한 게 아니다. 오히려 '형식이란 무엇인가'를 다시 묻고 형식과 비형식, 질서와 해체가 공존하는 다성적 음악의 공간을 만들어 냈다.

오늘날의 음악은 클래식, 재즈, 전통 음악, 전자 음악, 사운드 아트, 환경음, 그리고 AI 작곡까지 경계가 흐릿한 스펙트럼 속에 존재한다. 현대 음악은 하나의 틀 안에 머무르지 않는다. 형식은 정해진 정답이 아니라 질문을 던지는 방식이 되었다.

음악은 여전히 흐르고 있다.
그것이 어떤 구조를 갖든 어떤 질서를 따르든
우리는 그 안에서 세계를 이해하고 경험하며 표현한다.

그리고 형식은 새로운 길을 걷기 시작한다.

존 케이지 〈4'33"〉

 음악의 경계를 질문하며 연주되지 않는 순간조차 청취자의 인식으로 완성되는 음악이라 제안한다. 듣는 이의 주의와 공간의 소리가 곧 형식이 된다.

리게티 〈아트모스페르스(Atmosphères)〉

 전통적 형식이 해체된 자리에서 음색과 밀도만으로 만들어진 음악이다. 리게티는 시간의 흐름보다는 소리의 덩어리를 통해 청각적 질감을 탐구하며 음악의 새로운 구조 가능성을 제시한다.

형식은 소리의 흐름에 질서를 부여하고
음악을 따라가며 이해하게 하는
말없는 문법이다.

오케스트라, 수십 개 악기가 어떻게 하나의 음악이 될까?

오케스트라, 공동체의 소리

음악을 떠올릴 때 우리는 흔히 하나의 목소리보다 여러 소리가 어우러지는 장면을 먼저 그린다. 아이돌 그룹의 무대, 합창단의 화음, 영화를 가득 채우는 오케스트라의 사운드. 음악은 이제 혼자만의 표현이 아니다. 함께 만들어 내는 감정의 구조물이자 서로 다른 소리가 만나 하나의 흐름을 이루는 공동체의 경험이다.

그중에서도 오케스트라는 가장 크고 정교한 공동체다. 수십 명의 연주자가 각기 다른 악기를 들고 무대에 서고, 서로 다른 음색과 역할이 어우러져 하나의 음악을 만들어 낸다. 이 복잡하면서도 조화로운 세계는 어디서부터 시작된 걸까?

오케스트라의 시작은 지금처럼 성대하지 않았다. 중세와 르네상스 시대, 음악은 주로 **목소리 중심의 단선율**이 중심이었으며 악기는 성가를 보조하거나 연회의 분위기를 더하는 역할에 머물렀다. 물론 몇몇 악기들이 단독으로 연주되기도 했지만 그 안에는 아직 조화와 상호 작용에 대한 명확한 감각, 즉 **공동체적 감각**이 자리 잡지 않았다. 소리들이 산발적으로 함께 있었을 뿐이었으며 '서로를 들으며 함께 호흡하는' 음악은 아니었다.

그러나 바로크 시대에 이르러 음악은 변하기 시작했다. 인간의 감정을 그리고 장면을 묘사하며 이야기를 담아 내려는 예술적 욕구가 커지자 작곡가들은 악기마다 서로 다른 역할을 부여했다. 바이올린은 선율을 이끌고, 첼로는 음악의 중심을 지탱하며, 하프시코드는 조화로운 배경을 만들고, 플루트는 감정의 숨결을 더했다. 악기들이 맡은 기능이 제각기 달라지면서 음악은 점차 하나의 유기체처럼 움직였다.

하이든과 모차르트가 이끌었던 오케스트라는 계몽주의 시대가 꿈꾸던 이상적인 사회를 닮았다. 각자가 제 소리를 내되 전체를 해치지 않고 균형과 질서를 맞춰 가며 조화를 이루는 구조를 갖추었다. 오케스트라는 '많은 악기가 함께하는 음악'을 넘어 '소리로 구현된 사회적 이상'이 되었다.

심리학자들은 "함께 노래하거나 박수를 맞출 때 우리는 정서적 일치감을 느낀다"라고 말한다. 서로 다른 존재가 하나의 감정으로 합일되는 순간 공동체는 음악이 되고, 음악은 또다시 공동체를 이룬다.

오케스트라의 감동은 그 지점에서 비롯된다. 수십 개의 악기가 각자의 위치에서 제 역할을 다하지만 모든 소리가 하나의 흐름으로 모여 우리를 감싼다. 그 울림은 우리에게 말한다. 우리는 결코 혼자가 아니며 함께할 때 더 크고 깊은 감정이 만들어진다는 것을.

오케스트라는 사람이 모여 산다는 것이 얼마나 정교하고 아름다운 일인지, 서로 다른 각자가 모여 만들어 내는 세상이 얼마나 풍요로운지 그 진실을 소리로 증명하는 공동체의 예술이다.

오케스트라의 다양성과 질서

오케스트라에는 많은 악기가 함께 한다. 바이올린, 비올라, 첼로, 더블베이스. 플루트, 오보에, 클라리넷, 바순. 호른, 트럼펫, 트롬본, 튜바. 팀파니, 심벌즈, 트라이앵글, 그리고 하프와 피아노까지. 무대 위에는 수십 개의 악기가 놓인다. 서로 모양과 재료가 다르며 내는 소리의 성격도 제각각이다. 하지만 그렇게 다양한 악기들이 한자리에 있어도 오케스트라가 내는 소리는 시끄럽게 들리지 않는다.

왜 오케스트라의 소리는 혼란스럽지 않고 조화롭게 들릴까?

그 이유는 악보나 지휘자 때문이 아니다. 조화로운 소리의 중심에는 **구조의 설계**가 있다. 보이지 않는 질서가 오케스트라를 음악이 되게 한다. 오케스트라는 하나의 건축물과 닮아 있다. 현악기는 그 벽체이자 중심축으로 끊임없이 흐르며 음악의 뼈대를 세운다. 그 위에 색과 그림자를 더하는 건 목관 악기다. 금관 악기는 기둥과 천장을 만들고, 타악기는 순간의 무게와 방향을 정한다. 각 악기군은 물질도 다르고 소리도 다르지만 하나의 구조 안에서 자신의 자리를 지킨다.

가장 높은 곳에는 플루트, 바이올린, 트럼펫이 있다. 이들은 선율을 이끌고 감정을 고조시킨다. 그 아래 중음 악기가 온기를 채우고, 더 아래에서는 첼로와 튜바, 바순 같은 저음 악기가 음악의 바닥을 만들고 중심을 잡는다. 이 위계는 결코 무엇이 더 중요하다는 의미가 아니다. 오히려 서로가 서로를 살려 내는 방식이다.

바닥이 흔들리면 아무리 아름다운 멜로디라도 제 음을 낼 수 없다. 빛나는 고음은 단단한 저음을 딛고서야 공중으로 날아오를 수 있다. 그래서 오케스트라는 한 목소리가 되기 위해 서로의 다름을 존중하고 각자가 제자리를 지키는 예술이다.

여기에는 인간의 본능도 작용한다. 우리는 높은 소리에 민감하게 반응하고 낮은 소리에서는 안정감을 느낀다. 이러한 심리적 경향성 위에 음악은 설계되고 오케스트라는 본능과 구조의 균형 속에서 질서를 만들어 낸다. 하지만 이 질서는 고정된 것이 아니다. 때로는 첼로가 주제를 노래하고 플루트가 배경으로 물러서며 팀파니가 모든 긴장을 끌어올리는 중심이 되기도 한다.

정해진 규칙 안에서 서로의 자리를 바꾸고, 각자의 특성을 빛나게 하면서도 전체적인 균형을 해치지 않는다. 이것이 오케스트라가 지닌 질서의 비밀이다. 통제가 아니라 조화. 획일성이 아니라 다양성을 전제로 한 합의다.

우리가 오케스트라에서 감동을 받는 이유는 단지 소리가 아름답기 때문이 아니라 **서로 다른 존재들이 하나의 세계를 함께 지어가는 방식**을 보여 주기 때문일지도 모른다.

오케스트라 지휘자의 역할

무대 위 중앙에 선 오케스트라 지휘자는 단 한 음도 연주하지 않는다. 피아노를 치지 않고 바이올린을 켜지 않으며 트럼펫을 불지도 않는다. 지휘자는 오직 손끝과 눈빛, 그리고 움직임만으로 수십 명의 연주자들을 이끌어 나간다.

지휘자의 작은 손짓 하나에 모든 악기가 호흡을 맞춘다. 지휘자의 몸 전체가 음악의 방향이 된다. 소리를 내지 않지만 음악의 중심에 서는 존재, 지휘자는 오케스트라의 또 하나의 **악기이자 연출자**다.

오케스트라가 작고 단출했던 시절에는 따로 지휘자가 필요하지 않았다. 바이올린 수석이나 하프시코드 연주자가 중심을 잡고, 연주자들은 서로를 바라보며 자연스레 흐름을 조율했다. 그러나 음악이 점차 복잡해지고 오케스트라의 규모가 커지면서 수많은 악기와 감정, 그리고 구조를 하나로 통합할 중심축이 요구되었다.

그때부터 지휘자는 단순히 박자를 맞추는 역할을 넘어 작곡가의 의도를 해석하고 전체를 조율하는 음악의 감독이자 설계자가 되었다. 지휘자는 새로운 악보를 쓰지 않지만, 기록된 악보를 어떻게 펼쳐 보일 것인지는 지휘자의 감각과 철학에 달려 있다.

속도와 강세, 쉼표의 길이, 여백의 밀도까지 이 모든 것은 지휘자의 선택과 해석에 따라 달라진다. 같은 곡이어도 지휘자가 바뀌면 전혀 다른 곡처럼 들리는 이유가 여기에 있다.

푸르트벵글러는 구조 속에 감정의 흐름을 새겨 넣었고, 토스카니니는 악보에 대한 충실함과 긴장감 있는 명확성을 추구했다. 카라얀은 균형과 통일성을, 번스타인은 열정과 드라마를 전면에 내세웠다. 지휘자의 철학은 음악의 얼굴을 바꾼다.

하지만 지휘자는 단지 해석의 주체에 머물지 않는다. 지휘자는 연주자들 사이를 잇고 악기 간의 거리감을 조율하며 하나의 음악이 유기적으로 움직일 수 있도록 이끄는 리더다. 그리고 오늘날 지휘자의 리더십은 과거처럼 권위에 기대지 않는다. 지휘자는 점점 더 연주자와의 **소통과 공감**을 통해 전체를 설계해 나간다. 일방적인 명령이 아닌 함께 만들어 가는 방향 제시가 현대 지휘자의 중요한 자질이 되었다.

이러한 변화의 흐름 속에서 그동안 서양 오케스트라 무대에서 보기 어려웠던 이들도 조금씩 중심에 서기 시작했다. 여성 지휘자, 동양계 지휘자 등을 포함하여 다양한 문화적 배경을 지닌 새로운 리더들이 등장하며 지휘자의 전통적인 이미지를 서서히 바꾸고 있다.

대표적인 인물이 바로 마린 알솝(Marin Alsop)이다. 그녀는 2007년 미국의 주요 오케스트라 중 하나인 볼티모어 심포니의 음악 감독으로 임명되며 미국 역사상 처음으로 여성 상임 지휘자라는 기록을 세웠다. 그녀는 과거 지휘 콩쿠르에서 '여성은 참여할 수 없다'는 말을 듣고 좌절했던 적도 있었다. 그러나 그녀는 이제 세계적인 무대에서 활약하며 지휘자의 기준이 어떻게 변할 수 있는지를 상징하는 인물이 되었다. 알솝은 이렇게 말했다.

나는 단 한 음도 연주하지 않지만

수십 명의 연주자가 나의 손을 바라본다.

그래서 내가 신경 쓰는 건 단순한 박자가 아니라

어떻게 감정을 전할 것인가이다.

지휘자는 결국 말없는 몸짓으로 감정을 설계하고 서로 다른 소리들을
하나의 흐름으로 엮어 내는 소리의 건축가다. 지휘자의 손끝은 소리
를 다듬고 구조를 만들며 음악이 살아 움직이도록 공간과 시간을 열어
준다.

오늘날 지휘자는 기술자이자 리더이며 동시에 연주자와 함께 공감하는
연출가다. 그리고 이러한 지휘자의 역할에 대한 변화는 '오케스트라'라
는 오래된 구조 속에서도 새로운 감각과 새로운 가능성을 끊임없이 자
라나게 한다.

ılılı. 추천 음악

마린 알솝 지휘, 드보르자크 《교향곡 제9번 '신세계로부터'》

 알솝은 섬세한 디테일과 강한 드라이브를 동시에 드러내며 오케스
트라의 잠재력을 최대한 이끌어 냈다. 이 연주는 지휘자가 단순히
박자를 맞추는 존재가 아니라 작품의 방향과 해석을 결정하는 예술
적 주체임을 명확히 보여 준다.

오케스트라의 역사와 변화

오케스트라는 처음부터 지금과 같이 큰 규모의 조직이 아니었다. 오케스트라의 시작은 소박하고 유연했다. 몇 개의 악기가 궁정의 무도회를 반주하는 정도였다. 교회 예식에서 조용히 성가를 받쳐 주던 시절에는 편성이 자유로웠고 악기 구성에도 정해진 틀이 없었다. 모여든 소리들이 각자의 방식으로 어우러졌지만 그 안에는 아직 '설계된 구조'가 없었다.

16세기 후반, 유럽에서는 '콘소트(Consort)'라고 불리는 합주 형태가 유행했다. 같은 종류의 악기를 음역별로 배열한 '풀 콘소트', 서로 다른 악기를 조합한 '브로큰 콘소트' 등이 등장하면서 소리의 조화와 균형에 대한 감각이 자라났다. 비올라 다 감바, 리코더, 류트처럼 부드러운 음색을 가진 악기의 소리가 궁정과 가정의 작은 방에서 조심스럽게 서로 어우러졌다.

이 시기 음악은 여전히 섬세하고 사적인 공간에 머물러 있었다. 그러나 바로크 시대에 들어서며 음악은 급격히 변화했다. 음악은 인간의 내면과 자연의 움직임, 오페라의 극적 장면을 그려 내는 예술로 진화했다. 작곡가는 악기에 보다 뚜렷한 기능과 역할을 부여했다.

현악기를 중심으로 한 편성이 정착되었고 그 위에 목관 악기, 금관 악기가 층을 이루었다. 베이스 라인, 특히 건반 악기를 사용하여 연주되는 부분 즉흥 반주 체계인 바소 콘티누오가 등장하며 음악은 단순한 화음을 넘어 건축적 구조를 갖추기 시작했다. 코렐리와 비발디, 몬테베르디 같은 작곡가들은 악기들을 기능적으로 분화시켰다. 또한 오페라와 협주곡의 발전은 오케스트라의 역할을 한층 확대시켰다.

소리는 이제 배경이 아니라
감정과 극을 끌고 가는 주도적인 힘이 되었다.

고전주의 시대에 접어들며 오케스트라의 형식은 완성을 향해 나아간다. 하이든은 오케스트라를 일종의 실험실처럼 다루었다. 현악기를 중심에 두고 목관 악기, 금관 악기, 타악기를 정교하게 배치하여 균형 있고 논리적인 구성 방식을 확립했다. 모차르트는 그 구조 위에 감정과 극적 전개를 더했고 각 악기군의 개성과 성격을 섬세하게 살려 냈다. 이 시기 오케스트라는 논리와 균형, 그리고 감정의 설계도가 되었다.

그리고 19세기, 오케스트라는 다시 한번 커다란 도약을 맞는다. 베토벤은 지금까지의 질서를 확장시켰다. 더 큰 소리, 더 강한 감정, 더 넓은 세계. 《교향곡 제3번 '영웅'》에서 시작된 변화는 금관 악기의 강화, 타악기의 확대, 악장 구성의 변형으로 이어지며 낭만주의 오케스트라의 문을 열었다.

오케스트라는 **철학과 사상을 담는 도구**가 되었고
개인의 내면과 민족의 정서를 표현하는 무대가 되었다.

베를리오즈의 《환상 교향곡》은 마치 오케스트라 악기 전체가 하나의 환상을 연기하는 배우처럼 들린다. 말러와 브루크너는 수십 개의 악기를 통해 우주적 감정과 형이상학적 긴장을 음악으로 펼쳐 냈다. 이 시기 작곡가들은 오케스트라를 통해 자신만의 세계관을 설명하려 했고 작품은 곧 하나의 철학적 몸체가 되었다.

그러나 20세기에 들어서면서 오케스트라는 스스로를 다시 묻기 시작한다. 전통적인 조성과 형식을 의심하고 해체하며 새로운 가능성을 탐색했다. 스트라빈스키는 《봄의 제전》에서 리듬과 음색이 충돌하는 새로운 소리의 실험을 감행했고, 쇤베르크는 12음 기법을 통해 중심 없는 음악의 세계를 열었다. 이제 오케스트라는 정해진 틀을 따르지 않고 새로운 형식을 창조하고 있다.

작품마다 달라지는 편성, 기존 악기와 전자 음향의 결합,
심지어 연주자 없이 컴퓨터가 만들어 내는 사운드까지.
그 어떤 것도 오케스트라의 새로운 얼굴이 될 수 있다.

그렇다고 오케스트라가 사라진 것은 아니다. 오히려 영화 음악, 게임 음악, 디지털 사운드트랙 속에서 오케스트라는 더욱 다양한 방식으로

살아 움직이고 있다. 또한 전통적인 교향곡 무대에서도 새로운 감각을 가진 지휘자와 작곡가들이 기존의 오래된 틀에 새로운 감정을 불어넣고 있다.

오케스트라는 시대의 요구에 응답해 왔다. 더 많이 표현하고자 했던 시대에는 표현이 더 커졌고, 정확한 구조를 원했던 시대에는 형식이 더 정밀해졌다. 불확실성과 실험이 중심이 된 시대에는 스스로를 해체하고 재구성하며 열린 구조가 되었다.

ılılı. 추천 음악

윌리엄 버드 〈푸른 잎사귀(The Leaves be Green)〉

 16세기 후반 영국의 대표적 콘소트 음악으로, 르네상스의 정교한 다성적 짜임새를 보여 준다. 여러 악기의 음색이 서로 겹치고 어울리며, 작은 규모에서도 조화의 원리를 엿볼 수 있다.

베를리오즈 《환상 교향곡》 1악장

 1830년 초연된 이 작품은 낭만주의의 선언문처럼, 사랑과 광기, 환상과 공포를 대규모 오케스트라로 서사적으로 표현했다. 오케스트라는 단순한 형식을 넘어 인간 감정과 드라마를 펼치는 강력한 매체가 되었음을 보여 준다.

존 윌리엄스 〈스타워즈 메인 타이틀〉

 1977년 영화 《스타워즈》의 주제 음악으로, 힘찬 브라스와 역동적 현악이 고전적 교향악법을 바탕으로 웅장하게 울린다. 이를 통해 오케스트라는 현대 영화에서도 감정과 서사를 전달하는 가장 효과적인 수단임을 입증한다.

오케스트라, 다양성의 예술

오케스트라는 음악적 구조이자 감정의 흐름이며 무대 위에서 구현되는 살아 있는 공동체다. 수십 개의 악기가 함께 연주하며 만들어 내는 단하나의 울림이다. 그리고 그 울림은 늘 다양성의 조화를 이야기한다.

각 악기는 음색이 다르고 질감이 다르며 목소리의 방향도 다르다. 현악기는 연속적인 선율을 끌고 가고, 목관 악기는 분위기를 바꾼다. 금관악기는 공간을 울리는 힘을 만들고, 타악기는 시간을 자르고 긴장을 일으킨다. 이처럼 서로 다른 악기들이 제자리를 지키며 전체를 이루는 모습은 어쩌면 우리가 살아가야 할 사회의 또 다른 풍경이다.

오케스트라에는 중심은 있지만 주인은 없다. 주제를 제시하던 악기군이 곧 배경으로 물러서고, 늘 조용히 흐르던 악기가 어느 순간 중심에서 선율을 이끈다. 고정된 권력 없이 서로의 역할이 교차하며 전체를 위한 흐름을 만들어 낸다. 이 다층적인 균형 속에서 우리는 다름이 불편함이 아니라 풍요로움이 될 수 있다는 사실을 배운다.

오늘날 오케스트라는 과거의 형식을 그대로 반복하지 않는다. 현대 작곡가들은 전통을 뛰어넘어 다양한 언어를 시도하고, 지휘자들은 해석의 경계를 넓힌다. 무대 위의 얼굴들도 점점 더 다채로워진다. 여성, 비서구권, 젊은 리더들이 중심에 서고 있다. 영화 음악, 게임, 무대 밖의 협업까지 오케스트라는 더 넓은 세상과 호흡하며 살아 숨 쉰다.

이제 오케스트라는 단지 교향곡을 연주하는 집단이 아니다. **다양성 자체를 예술로 실현하는 형식**이며 서로 다른 존재들이 함께 움직일 수 있는지를 소리로 증명해 내는 살아 있는 모델이다. 그리고 그 안에는 수많은 개별적 목소리가 서로를 존중한다. 누군가가 앞으로 나설 때는 다른 이가 한 걸음 물러선다. 모두가 제 소리를 내지만, 각자의 소리가 전체를 해치지 않도록 귀를 기울이는 태도. 바로 그 과정 자체가 오케스트라가 연주하는 예술이다.

다른 소리들이 함께 울릴 수 있다는 것.
그것이 음악이고, 삶이다.

오케스트라는
조화와 질서로 이루어진
살아 있는 유기체이다.

AI가 만든 음악도
예술이라 할 수 있을까?

음악을 학습한 기계

한번 상상해 보자. 바흐가 즐겨 사용한 화성 진행, 모차르트가 선호한 멜로디 구성, 쇼팽의 손끝에서 흘러나온 감정의 리듬. 이 모든 것을 누군가가 빠짐없이 관찰하고 통계적으로 분석한 뒤 일정한 규칙을 '학습'하여 새로운 곡을 만들어 낸다면 어떨까? 여기서 더 놀라운 점은 그 누군가가 사람이 아니라 기계일 수도 있다는 사실이다.

2016년, 소프트웨어 작곡가 AIVA(Artificial Intelligence Virtual Artist)는 바흐, 베토벤, 모차르트의 작품 수천 곡을 학습한 뒤 클래식 형식의 교향곡을 작곡했다. AIVA는 감정을 느끼지도 않고, 작곡가의 삶을 이해하지도 못한다. 그러나 수많은 악보 속 규칙과 패턴을 반복적으로 익히며 인간 작곡가의 스타일을 흉내 낸다. AIVA는 음악의 질서를 학습했다. 화성 진행, 리듬의 흐름, 형식의 구성, 선율의 움직임 같은 것이다.

AI는 어떻게 작곡을 배우는가? 우선 수천 곡의 악보 데이터를 입력받는다. 바흐의 코랄, 쇼팽의 왈츠, 슈베르트의 가곡이 디지털 악보 형태로 제공된다.

기계는 이 자료를 수치화하고 분석한다.
어떤 화음이 어떤 코드 뒤에 자주 오는가?
어떤 박자에서 리듬이 바뀌는가?
멜로디는 몇 음을 뛰어넘는가?

그리고 통계를 바탕으로 다음에 나올 가능성이 가장 높은 음을 예측하는 방식으로 작곡을 이어간다. 즉 음악은 기계에게 **예측 가능한 언어**가 된다.

이러한 방식은 인간의 작곡 훈련과도 비슷하다. 학생들도 바흐의 코랄을 분석하고 하이든의 소나타 형식을 익히며 작곡을 배운다. 모방에서 출발하여 창작으로 나아간다. 그러나 인간의 작곡과 AI의 작곡 사이에는 결정적인 차이가 있다. 인간은 '왜 그렇게 되었는가'를 물으며 그 안에 담긴 감정과 의도를 이해하려고 한다. 반면 AI는 단지 '자주 그랬다'

는 사실만을 알 수 있을 뿐이다.

오늘날 Google의 Magenta, OpenAI의 MuseNet, SONY의 Flow Machines 같은 프로젝트는 AI가 재즈, 팝, 클래식, 심지어 영화 음악까지 다양한 장르를 넘나들며 작곡할 수 있다는 것을 보여 준다. 실제로 여러 기업들은 AI가 만든 음악을 광고나 게임 배경 음악으로 사용하고 있다. 곡은 매끄럽고 구조도 훌륭하며 듣기에도 편안하다. 때로는 놀랄 만큼 완성도가 높기도 하다.

그런데 이 곡은 정말 '창작된' 것이라 할 수 있을까?

|ılılı. **추천 음악**

아이바(AIVA) 〈제네시스(Genesis)〉

 바흐와 베토벤의 작곡 기법을 학습한 AI가 만든 클래식풍 교향곡이다. 인공 지능이 기존 양식을 어떻게 재현하는지를 보여 준다. 이 음악에서 우리는 AI 작곡의 가능성과 한계를 동시에 체감하게 된다.

바흐 코랄 프렐류드 BWV 639
〈주 예수 그리스도여, 나는 주께 부르짖나이다〉

 AI 학습 데이터에서 자주 활용되는 바흐의 코랄 중 하나로, 느린 템포와 부드러운 대위법 속에 인간 작곡가의 신앙과 감정이 섬세하게 스며 있는 작품이다. AI가 만든 음악과 비교하며 들어 보면 감정 전달에서의 미묘한 차이를 더욱 뚜렷하게 느낄 수 있다.

창조인가, 통계인가

한 작곡가가 선율 하나를 써 내려간다. 피아노 앞에 앉아 먼저 하나의 음을 선택하고, 그 음이 자연스럽게 다음 음을 부르는 흐름을 따라가 본다. 때로는 익숙한 화성 진행을 따르기도 하고, 때로는 익숙함을 의도적으로 벗어나 새로운 길을 모색하기도 한다. 형식을 염두에 두고 전체 구조를 구상하기도 하며 순간의 감각에 의지하여 즉흥적으로 손을 움직이기도 한다. 이 과정은 늘 규칙과 자유, 반복과 일탈 사이 어딘가에서 이루어진다. 정해진 답은 없지만 무질서하지 않다.

작곡이란 질서와 감각 사이에서
자신만의 길을 조심스럽게 발견해 가는 일이다.

AI는 이와는 다른 방식으로 작곡한다. 수많은 악보 데이터를 바탕으로 다음에 어떤 음이 올 가능성이 높은지를 통계적으로 계산하고 예측값에 따라 작곡을 이어간다. 그 결과 기계는 가장 자주 등장한 진행과 가장 익숙한 구조를 선택한다. 말하자면 AI는 **가장 안전하고 예측 가능한 길**을 따른다. 이 방식은 듣기에 익숙하고 구조가 정돈된, 완성도 있는 음악을 만들어 낼 수 있다. 하지만 바로 그 지점에서 질문이 생긴다.

예측 가능한 결과물을 창작물이라 할 수 있는가?
패턴을 능숙하게 모방하는 게 창작 활동일 수 있는가?

인간의 창작은 종종 예측을 거부한다. 익숙한 문법을 뒤틀고, 청자의 기대를 의도적으로 배반하면서 이전과는 전혀 다른 완전히 새로운 감각과 의미를 만들어 낸다. 이러한 창의성에서 비로소 낯설고 새로운 것이 탄생한다. AI는 규칙을 학습할 수는 있다. 그러나 규칙을 **넘어서려는 의도**는 가질 수 없다. 스스로 실험하지 않고 실패를 두려워하지 않는다. 즉 새롭게 무언가를 묻는 존재가 아니다.

그렇다면 우리는 다시 묻게 된다.
AI는 정말로 음악을 '창작'하는가?
아니면 인간의 창작을 통계적으로 '복제'하고 있는가?

감정 없는 작곡에 공감할 수 있을까

음악을 듣는다는 것은 단순히 소리를 듣는 일이 아니다. 우리는 그 소리 안에 담긴 의도와 감정, 의미와 서사를 읽어 낸다. 작곡가가 무엇을 말하려 했는지, 어떤 정서를 담았는지가 그것을 듣는 이의 경험과 맞닿을 때 음악은 비로소 울림이 된다.

그런데 만약 음악이 감정 없이 만들어진다면 어떨까?

AI가 슬픈 음악을 작곡한다고 가정해 보자. AI는 슬픔을 겪지 않는다.

144

기쁨도, 불안도, 희망도 모른다. 그저 '슬픈 음악'에서 자주 나타난 패턴을 통계적으로 분석할 뿐이다. '슬픔'이라는 감정을 다룬다고 분류된 음악에서 공통적으로 나타난 코드 진행, 음역대, 속도, 음색 등을 조합하여 그럴듯한 슬픔의 형태를 만들어 낸다. 그래서 AI가 만든 슬픈 음악은 '슬픈 모양'을 하고 있지만 그 안에 진짜 슬픔은 없다.

우리는 그 차이를 느낄 수 있을까?

의외로 많은 청중은 AI가 만든 음악을 듣고도 "괜찮다", "완성도 있다"라고 말한다. 실제로 배경 음악처럼 흐를 때는 충분히 감각적이고 듣기 좋다. 구조도 잘 짜여 있고 음향적으로도 부드럽다. 그러나 그 곡이 오래 기억에 남거나 마음을 건드리는 순간은 드물다.

왜일까? AI가 만든 음악에는 정서적 동기가 없기 때문이다. 그것은 누군가가 무언가를 표현하고 싶어서 만든 음악이 아니다. AI는 음악을 만들 수 있지만 그 음악은 **무엇을 말하려는 음악은 아니다.**

우리는 때때로 완성도가 떨어지는 곡에서도 작곡가의 불안한 마음, 충동, 질문 등을 느끼며 공감한다. 예술이 언제나 다듬어진 아름다움만으로 감동을 주는 것은 아니다. 결함과 떨림, 진심과 서투름, 망설임과 돌파 같은 것들이 오히려 청자의 마음에 깊은 파장을 일으키기도 한다.

AI는 진심과 떨림을 갖지 않는다.

얼핏 잘 만든 듯 보이지만 실상은 어딘가 비어 있다.

예술은 의도된 언어다

예술은 단지 감각의 조합이나 계산된 형식이 아니다. 예술에는 어떤 대상을 향한 의도가 담겨 있다. 다시 말해 '무엇을, 왜, 누구에게' 전하고 싶은 마음에서 시작된다.

바흐의 《마태 수난곡》은 독일 루터교 예배 안에서 신앙을 고백하고 회중에게 복음의 이야기를 전하기 위한 바흐의 신앙적 의도가 담긴 작품이다. 쇼팽의 야상곡 또한 단순히 낭만주의적 정서를 담은 음악이 아니다. 병약한 몸을 지닌 한 청년 예술가가 불안정한 망명지에서 조국의 슬픔을 반추하며 켜켜이 눌러쓴 내면의 고백이기도 하다.

음악은 단독으로 존재하지 않는다. 음악을 만든 사람의 삶과 시대, 목적과 감정, 그리고 말하지 못한 이야기와 함께 존재한다. 예술은 언제나 **'나'를 넘어 '너'를 향한다.** 음악은 말로는 닿을 수 없지만 침묵할 수도 없었던 마음이 택한 또 하나의 언어다.

루이지 노노(Luigi Nono, 1924-1990)는 후기 작품에서 기존의 음악 언어에서 벗어나 말보다 더 조용한 소리로 인간의 고통을 증언하려 했다.

　소리는 침묵에서 태어나 침묵으로 사라진다.

노노의 대표작 중 하나인 〈…조용한 고통의 물결(Sofferte Onde Serene)…〉(1976)은 피아노와 미리 녹음된 테이프를 활용했다. 살아 있는 연주와 과거의 소리를 겹치게 함으로써 기억과 현재, 고통과 위로가 교차하는 감각을 만들었다. 이 곡은 단순한 기법 실험이 아니라 연주자인 마우리치오 폴리니(Maurizio Pollini) 가족이 겪은 개인적 상실과 노노 자신이 체험한 베네치아에서의 기억을 담은 애도의 음악이다.

피아노는 현재를 연주하고 테이프는 과거를 들려준다. 그 둘은 완전히 일치하지 않기 때문에 잊힌 기억처럼 어긋나고 겹치며, 사라졌다가 다시 돌아오는 구조를 만든다. 이 곡은 청중에게 무언가를 '전달'하려 하지 않는다. 오히려 침묵 앞에서 함께 머무는 방식으로 존재한다.

노노는 연주자를 곡에 담긴 감정과 인간의 경험을 해석하고 전달하는 '해석자'로 보았다. 정확한 음과 박자 너머에 있는 경험과 의도를 읽어내는 사람이라고 여겼다. 그래서 그의 음악은 언제나 말보다 더 깊은 차원에서 누군가에게 들려주고 싶은 의지와 마음을 품고 있다.

AI는 음악을 만들 수 있다.
그러나 그 음악은 누구를 향해 연주되는가?
누구의 기억을 담고, 누구의 고통을 함께할 수 있는가?

예술에는 소리를 왜 만드는가에 대한 끊임없는 질문과 답변의 과정이 있다. 그 물음이 없는 소리는 기술은 될 수 있어도, 예술은 되지 못한다.

ılılı. **추천 음악**

루이지 노노 〈...조용한 고통의 물결(Sofferte Onde Serene)...〉

 폴리니의 피아노와 과거의 녹음이 겹쳐지며 기억과 고통의 울림이 되살아난다. AI가 재현할 수 없는 인간만의 체험과 감정이 음악 속에 깊이 새겨져 있다.

AI 시대, 예술은 어디까지 나아갈 수 있을까

우리가 인식하지 못한 사이 AI는 예술의 현장에도 조용히 스며들었다. 그림을 그리고 음악을 만들고 글을 쓰기도 한다. 누군가는 묻는다. 예술이 기계에게 넘어가는 건 아닐까?

하지만 우리는 조금 다르게 질문해 볼 수 있다.
기계와 함께라면, 예술은 어디까지 나아갈 수 있을까?

AI는 감정을 느끼지 않는다. 기쁨이나 슬픔, 감동이나 절망을 체험하지 않는다. 그러나 인간의 감정을 관찰하고 학습한 뒤 재현하는 데에는 점점 더 정교해지고 있다. 수많은 작품을 분석하고 패턴을 인식하며 그 결과로 새로운 이미지를 그리거나 음악을 만들어 낸다. 때로는 인간이 만든 작품이라고 해도 믿을 만큼 섬세하고 감각직인 결괴물이 탄생하기도 한다.

그러나 그것은 어디까지나 **모방**이다.

AI는 예술을 통해 누군가에게 '감정을 전하고 싶다'는 의도를 품지 않는다. 예술의 출발점은 언제나 마음이다. 누군가에게 다가가고 싶은 마음, 말로 낳시 않는 것을 전하고 싶은 마음. 그 마음이 빠진 예술은 아무리 정교하게 만들어졌더라도 어딘가 비어 있는 느낌을 남긴다.

그렇다면 AI는 예술에서 어떤 역할을 맡게 될까?

감정은 인간이 느끼는 것이지만 그 감정을 실현하고 확장하는 데에는 기계가 훌륭한 도구 역할을 할 수 있다. 예술가가 떠올린 상상을 시각화하거나 머릿속의 음악을 구체화하고 공연의 무대를 설계하는 데에 이르기까지 AI는 감정을 담는 그릇이자 표현의 통로가 될 수 있다. 손에 쥔 붓이나 음향 장비처럼 AI는 예술가의 의도를 보다 넓고 깊게 펼칠 수 있도록 돕는 도구다.

그러나 중요한 사실 하나는 변하지 않는다. **예술의 책임과 판단**은 여전히 인간의 몫이다. 어떤 예술이 진실한가, 어떤 표현이 감동을 주는가. 그 기준은 알고리즘이 아닌 인간의 판단에서 비롯된다. 우리가 AI를 '도구'로 여길 수 있는 이유는 인간만이 감정의 주체이자 윤리적 기준을 가진 존재이기 때문이다.

앞으로의 예술은 기술적으로 지금보다 훨씬 더 진보할 것이다. 그러나 그 진보의 끝에는 오히려 더욱 인간적인 예술이 자리하게 될지도 모른다. 기술은 수단을 바꾸지만, 목적을 대신하지는 않는다. 누군가가 감정을 건네고 다른 누군가가 그것을 받아들이는 정서적 교류는 여전히 인간만이 할 수 있는 일이다. AI는 그 과정을 더 빠르게, 더 넓게, 때로 더 정밀하게 만들어 줄 수 있다. 그렇지만 그 시작은 언제나 인간에게서 비롯되고, 그 울림 역시 인간을 향한다.

예술은 기계에게 '넘겨지는' 게 아니다.
기계와 함께 더 멀리, 더 깊이 나아가며
새로운 길을 개척해 나갈 것이다.

예술은 누군가의 내면에서 피어난
질문과 진심에서 시작된다.
그리고 음악은 곧 마음의 진동이다.

3
악
장

음악은 다양성이다

조금 빠르게

문화와 철학, 종교와 정체성이 음악을 다르게 만든다

왜 나라마다
음악이 다를까?

음악은 삶의 방식에서 태어난다

우리는 모두 음악을 듣는다. 그러나 음악을 만드는 방식은 나라마다 문화마다 각기 다르다. 어떤 이들은 북을 치며 춤을 추고, 어떤 이들은 한음을 길게 끌며 고요하게 울음을 삭인다. 어떤 이들은 말하듯 노래하고, 어떤 이들은 수학 공식처럼 감정을 배열한다.

이처럼 음악은 각 문화가 삶을 살아가는 방식, 감정을 느끼고 표현하는 구조, 세계를 이해하는 틀, 인간과 자연의 관계에 대한 태도를 모두 담고 있다. 음악 안에는 사람들이 어떤 환경에서 살아왔는지, 어떻게 감정을 나누고 관계를 맺었는지, 어떻게 신과 세계를 이해해 왔는지가 고스란히 담겨 있다.

어떤 음악은 몸을 절로 움직이게 만들고
어떤 음악은 눈을 감고 내면을 깊이 들여다보게 한다.
왜 이런 차이가 생길까?

그 이유는 다음과 같은 물음에 대한 문화적 답변에서 비롯된다. 그리고
이러한 질문들에 대한 대답은 음악의 구조와 표현 방식에 깊은 영향을
미쳤다.

• 어떤 자연 환경 속에서 살아왔는가?
• 어떤 언어로 감정을 주고받았는가?
• 시간을 일직선처럼 흐르는 것으로 여겼는가, 계절처럼 되풀이되는
순환으로 여겼는가?
• 음악은 신에게 바치는 소리였는가, 인간의 감정 표현이었는가?
• 감정을 숨겼는가, 공동체 안에서 함께 나누었는가?

이제 우리는 다섯 개의 문화권을 따라 각각의 음악이 어떤 삶에서 탄생
했는지를 살펴보고자 한다. 각기 다른 음악은 서로 다른 방식으로 세상
을 바라보고 세상과 관계 맺어 온 문화의 흔적이다. 그 안에는 **감정의
구조**와 **삶의 철학**이 오롯이 담겨 있다.

떨림과 여백의 미학 – 한국

한국 음악을 처음 접하는 사람들은 종종 이렇게 말하곤 한다.
"슬픈데, 그 슬픔이 조용히 흐르네요."

판소리의 길고 꺾이는 음정, 정악의 느리고 섬세한 흐름, 민요의 울음을 머금은 선율. 한국 음악에는 아주 깊은 감정이 담겨 있다. 그러나 그 감정은 결코 격렬하게 터지지 않는다. 대신 절제되어 있고 시간이 흐르듯 **서서히 스며든다.**

이와 같은 표현 방식은 한국인의 정서 구조,
그리고 '한(恨)'이라는 독특한 감정 양식과 깊은 관련이 있다.

'한'은 표현이 아니라, 감정의 여백이다

'한'은 단순한 슬픔이나 억눌린 분노로 환원되지 않는다. 말로 다 전하지 못한 마음, 끝내 이루지 못한 바람, 지워지지 않는 상실이 가슴속 깊은 곳에 응축된 정서다. 한국 음악은 감정을 직접적으로 표출하기보다 돌려서 말하고 긴 시간을 들여 울리며 **여백** 속에 숨겨 놓는다.

판소리 한 대목을 부를 때 노래에 담긴 감정은 소리꾼의 몸을 지나 떨림과 꺾임, 길고 느린 흐름을 따라 점차 전달된다. 그 은은한 울림은 감정의 폭발보다 더욱 깊고 오래 지속된다.

ıllıılı 추천 음악

《영산회상》 중 〈상령산〉

정악을 대표하는 곡으로, 느린 흐름 속에서 한국 음악 특유의 여백과 고요를 드러낸다. 그 선율에는 내면의 울림과 '한'의 정서가 깊이 배어 있다.

산이 많은 땅에서 태어난 소리

한국은 산지가 많은 지형이며, 마을과 마을은 종종 지리적으로 단절된 공간에서 형성되었다. 이런 환경으로 인해 멀리 울리는 큰 소리보다 가까운 이들과 조용히 나누는 소리가 더욱 발달했다.

가야금, 대금, 해금 등 전통 악기들은 크고 선명한 음량보다 여운과 잔향, 떨림과 숨소리 같은 미세한 음색의 변화를 중요시한다. 이러한 소리의 경향은 사람과 자연 사이의 거리, 정서의 농도, 그리고 감정을 다루는 방식과 맞닿아 있다.

말과 노래 사이, 감정의 흐름

한국어는 억양이 크지 않다. 감정을 직접적인 어조보다는 말투나 흐름에 담아 표현한다. 이러한 언어적 특성은 음악 표현에서도 이어진다. 한국 음악은 **말하듯이 노래하고, 노래하듯이 말하는 구조**를 가진다.

판소리는 한국어의 특성을 가장 잘 보여 주는 장르다. 판소리의 요소중 하나인 '아니리'는 가락을 곁들이지 않고 이야기하듯이 내용을 엮어 나가는 부분을 말한다. 아니리에서는 말과 노래가 자연스럽게 오가고 소리의 억양은 말의 감정선을 그대로 품는다. 감정을 직접 설명하기보다 느낌과 흐름을 통해 자연스럽게 스며들게 하는 이와 같은 방식은 오히려 더 깊은 공감을 이끌어 낸다.

ılılı. **추천 음악**

판소리 《춘향전》 중 〈사랑가〉

 노래(창), 말(아니리), 몸짓(발림)이 어우러져 한국어 특유의 억양과 감정의 흐름을 보여 준다. 직설적이지 않고, 말투와 선율의 흐름 속에서 감정을 스며들게 하여 깊은 공감과 울림을 전한다.

감정의 해소보다는 '함께 견디기'

민요 역시 단순하고 반복적인 선율 안에 깊은 정서가 깃들어 있다. 특히 서도 민요나 경기 민요처럼 음 하나를 길게 끌며 꺾는 창법에서는 감정이 억눌려 있다기보다 시간을 들여 함께 나누는 태도가 느껴진다. 노동요나 상여소리처럼 여러 명이 함께 부르는 노래는 감정을 혼자 삭이기보다 여럿이 함께 견디며 이겨 내기 위한 울림이었다.

음악의 구조는 정서의 구조다

한국 음악은 빠른 전개나 강한 감정의 분출보다는 느리고 반복되는 흐름으로 여운을 남기며 감정을 머금는 방식을 선택한다.

이러한 구조는 서양 음악에서 흔히 볼 수 있는 '감정의 고조와 해소'와
는 다르다. 서양 음악은 클라이맥스를 향해 치닫고 긴장을 해소하며 마
무리하는 서사적 구조를 가진다. 반면 한국 음악은 감정이 천천히 흘러
가며 공동체 안에서 공유되고 받아들여진다.

음악은 삶을 견디는 방식이다

한국 음악은 외치지 않는다.
대신 오래 끌고, 잔잔히 떨리며, 그 안에서 천천히 흘러간다.

이것은 억눌림이나 표현의 결핍이 아니다. 표현을 미루고 감정을 삭이
며 **시간을 견디는** 방식이다. 그 안에는 공동체가 슬픔을 나누고 함께
버티며 살아가는 미학이 깃들어 있다.

'한'이 만든 음악은 슬픔을 지나
고요한 울림으로 시간의 흐름을 따라가는 예술이다.

ᏆᏆᏆᏆ **추천 음악**

서도 민요 〈수심가〉

길게 끄는 한 음 속에 감정을 담아 말보다 느리고 눈물보다 조용한
울림을 만든다. 억눌림을 품은 선율은 슬픔을 견디고 나누는 한국적
정서인 '한'의 미학을 보여 준다.

소리를 통한 명상 – 인도

인도 음악을 처음 들으면 소리가 어디로 향하는지 파악하기가 어렵다. 시작이 있는 듯 없는 듯 열리고 반복되면서도 매번 다른 길을 간다. 끝날 듯 이어지고 사라질 듯 머문다. 인도 음악은 목적지보다 여정 자체에 집중하는 음악, **시간이 아닌 상태**를 만들어 내는 음악이다.

음을 쌓아 감정을 피우다 – 라가

인도 음악은 '라가(Rāga)'라는 체계를 중심으로 구성된다. 라가는 단순한 음계가 아니다. 하나의 감정 상태, 정서의 색(라사, Rasa)을 표현하는 틀이다. '밤의 라가', '비 오는 날의 라가', '사랑의 라가', '이별의 라가'처럼 자연과 계절, 시간, 감정의 흐름을 모두 품고 있다. 라가를 연주한다는 것은 '하나의 정서를 피워 내는 의식'에 가까운 일이다.

그래서 연주자는 항상 '알랍(Alap)'이라 불리는 탐색 과정부터 시작한다. 천천히 음을 쌓아 올리며 감정의 결을 깨우는 의식적인 접근이다.

ılılı **추천 음악**

〈라가 조그(Raga Jog)〉

 시타르 연주로 천천히 음을 쌓아 올리며 정서의 결을 깨운다. 인도 고전 음악의 명상적 깊이를 보여 준다. 섬세한 선율 속에서 라가가 단순한 음계가 아니라 감정을 피워 내는 의식임을 체험하게 한다.

반복되는 리듬 안에서 자유롭게 흔들리다 – 탈라

인도의 리듬 구조를 '탈라(Tāla)'라고 부른다. 탈라는 시간에 대한 인도의 인식 방식 자체를 대변한다. 탈라는 대개 6박, 8박, 16박 등 정해진 주기를 반복한다. 하지만 그 안에서 연주자는 박자를 밀고 당기고 흔들면서 같은 리듬 안에서도 매번 다른 감정을 만들어 낸다. 이는 마치 끝나지 않고 돌아가는 시간 속에서 매번 다른 삶을 사는 윤회의 세계와 같다.

인도 철학에서 시간은 직선이 아니라 순환이다. 인도 음악은 순환하는 시간 속에서 지금 이 순간의 감정 상태를 느끼게 한다.

ılıl. 추천 음악

〈타블라 솔로 인 틴탈(Tabla Solo in Teental)〉

16박자(4+4+4+4) 틴탈 구조 속에서 순간마다 다른 변주가 펼쳐지며, 리듬이 살아 움직이는 듯한 에너지를 전한다. 정밀한 수학적 구조와 자유로운 즉흥성이 어우러져 인도의 순환적 시간관을 음악으로 체험하게 한다.

소리를 통해 '내려놓기'

인도 음악을 듣고 있으면 점점 말을 잃게 된다. 계속해서 반복되는 음과 리듬 속에서 생각이 멈추고 마음이 서서히 가라앉는다. 이는 우연이 아니다. 인도 음악에는 **자아를 지우고 명상에 이르게 하기 위한 목적**이 있다. 소리는 신에게 바치는 것이었고 소리를 통해 인간은 자신의 욕망을 비우고자 했다.

이슬람의 일부 문화권에서 음악이 금지되었던 것과는 대조된다. 힌두교와 불교 문화에서는 음악이 해탈과 내면 성찰, 존재의 본질에 다가가는 수행의 길이 될 수 있었다.

> **॥॥॥ 추천 음악**
>
> ### 〈라가 카피(Raga Kapi)〉
>
> 남인도 카르나틱 전통 속에서 정교한 기법과 깊은 감성이 어우러지며 듣는 이를 자연스레 명상의 상태로 이끈다. 소리를 통해 욕망을 비우고 내면을 성찰하게 하는 인도 음악의 본질을 잘 보여 준다.

자유와 구도의 공존 – 즉흥과 질서

인도 음악은 대부분 **즉흥 연주**다. 하지만 아무렇게나 연주하는 것은 아니다. '라가'와 '탈라'라는 엄격한 틀 안에서 연주자는 자신의 감정을 풀어 낸다. 이러한 구조는 자유 속의 질서, 형식 속의 해방이라는 인도의 사고방식과 닮아 있다. 삶은 늘 반복되지만 그 안에서 의미를 새롭게 만들어 내는 것. 그것이 인도 음악이 가르쳐 주는 삶의 태도다.

인도 음악은 요란하지 않다. 그리고 서두르지 않는다.
천천히 스며들고, 어느 순간 마음을 열게 한다.

우리는 그 안에서 소리로 명상하는 사람들의 삶,
순환하는 시간 안에서 감정을 마주한 문화,
그리고 말보다 더 큰 울림이 있는 세계관을 듣는다.

구조로 말하는 음악 – 서유럽과 미국

서양 음악을 듣다 보면 음이 어디론가 향하고 있음을 느낄 수 있다. 도입부가 있고 긴장이 고조된 다음 클라이맥스를 지나 마침내 결말에 이른다. 이러한 전개는 단지 음악의 구조가 아니라 서양의 시간관과 세계관이 반영된 방식이다.

질서와 논리, 시작과 끝, 원인과 결과.
서양 음악은 처음부터 **구조로 말하는 음악**이었다.

체계화된 감정의 언어 – 화성과 조성

서양 음악은 하나의 선율이 아니라 여러 음이 동시에 울리는 '화성 (Harmony)'을 중심으로 발전했다. 르네상스 이후 화음은 음악의 중심 언어가 되었고, 바로크와 고전 시대를 지나며 '조성(Key)'이라는 체계가 확립되었다.

조성이 있는 음악은 '긴장-해결', '이탈-복귀', '불안-안정' 같은 감정의 흐름을 구조적으로 다룬다. 베토벤의 교향곡은 감정이 요동치지만 그 감정은 질서 안에서 움직인다. 혼란은 있지만 방황은 없다. 결국 음악은 조화로운 결말로 향한다.

질서와 통합의 상징 – 오케스트라

서양 음악의 또 다른 특징은 여러 악기를 나누고 조율하며 통합하는 능력이다. 오케스트라가 그 정점에 있다. 수십 명의 연주자가 악보에 따라 움직이고, 지휘자는 전체를 통솔하며 각 악기의 역할을 조화롭게 연결한다. 소리는 계층에 따라 배치되고 각 파트는 명확한 역할을 가진다.

이러한 구조는 서구 사회의 합리적 사고방식과 닮아 있다. 18세기 유럽에서는 음악이 '사회적 질서'의 한 형태로 여겨졌다. 또한 자연의 수학적 원리와 조화를 이룬 정신 고양의 도구로 인식되었다.

감정은 논리적으로 구성된다

낭만주의에 이르러 감정이 음악의 중심이 되었다. 그러나 감정은 무작정 흘러가지 않는다. 소나타 형식, 푸가, 주제와 변주 등 구조적인 틀 안에서 자연스럽게 표현된다. 서양 음악은 감정을 외면하지 않았다. 감정을 형식 안에 담고 설득 가능한 구조로 다듬었다.

𝚤𝚤𝚤𝚤𝚤 추천 음악

슈베르트 〈즉흥곡 제3번〉

섬세한 감정이 단순하게 흘러가지 않고 정연한 형식 안에서 자연스럽게 전개된다. 낭만주의 초입기의 음악이 어떻게 감성과 구조를 동시에 지향했는지를 잘 보여 주는 작품이다.

질서에 대한 반란 – 재즈, 록, 힙합

20세기 이후, 서양 음악은 기존 질서에 반기를 들기 시작한다. 재즈는 즉흥 연주로 악보의 권위를 무너뜨리고, 록 음악은 고전 음악의 절제 대신 분노와 해방을 외쳤다. 힙합은 구조화된 화성과 선율 대신 말과 리듬, 거리의 현실을 전면에 내세웠다. 이 음악은 모두 **기존 질서에 대한 저항**이자 **새로운 정체성의 선언**이었다. 흑인 음악학자 트루디 헤리스는 이렇게 말했다.

> 서양 고전 음악이 정제(精製)를 통해 감정을 조직했다면,
> 흑인 대중음악은 감정이 터져 나오는 틈을 만드는 방식이었다.

서양 음악은 이처럼 질서를 창조하고 그 안에서 감정을 조율하지만 때

로는 질서를 부수고 새로운 목소리를 만들어 내는 역사였다. 그리고 이 흐름은 지금도 이어지고 있다. 서양 음악은 질서와 저항, 감정과 형식 사이를 끊임없이 오가며 인간 내면의 복잡성을 표현하고 있다.

낭송과 음악의 경계 – 아랍

아랍 음악을 듣고 있으면 이것이 노래인지 낭송인지 헷갈릴 때가 있다. 멜로디는 뚜렷하게 들리지만 화려하지 않고 절제되어 있다. 감정이 담겨 있지만 결코 과장되지 않는다. 그 이유는 명확하다. 소리는 곧 기도였고, 기도는 경건한 언어였기 때문이다. 아랍에서 음악은 신과 연결되는 방식이었다.

음악 아닌 음악 – 꾸란 낭송

이슬람 문화권에서 가장 널리 퍼진 소리는 바로 경전 '꾸란(Qur'ān)'의 낭송이다. 그러나 꾸란 낭송은 아무리 노래처럼 들려도 공식적으로는

'음악(موسيقى, Mūsīqā)'으로 분류되지 않는다.

이는 종교적인 이유 때문이다. 음악은 인간의 불온한 감정이나 욕망을 자극할 수 있는 예술로 여겨졌고, 신의 말씀은 그러한 세속성과는 구별되어야 한다는 인식이 강했다. 그래서 꾸란을 낭송할 때는 리듬이 일정하지 않고 감정은 절제되며 장식적인 요소가 거의 없다.

소리는 맑고 길게 울리고 음절은 또박또박 이어지며 전체 흐름은 자연스러운 억양을 따른다. 이러한 낭송 방식은 아랍 음악 전체에 '말하듯 부르는 창법'이라는 미학을 남겼다.

⣿⣿⣿ 추천 음악

꾸란 55장 〈아르라흐만(Surah Ar-Rahman)〉

맑고 절제된 음성 속에 반복과 운율이 이어지며 신의 말씀을 기도로 승화한다. 노래가 아닌 낭송임에도 음악적 울림을 통해 종교적 메시지가 깊이 전해진다.

노래와 낭송 사이의 소리 - 마깔람

아랍 음악에서 가장 핵심적인 전통 중 하나로 '마깔람(Maqām)'이 있다. 마깔람은 단순한 음계(Scale)가 아니라 **감정과 철학, 영적 정서를 담은 선율 체계**. 마깔람은 특정한 정서 상태를 유도하도록 설계되어 있으며 그 안에서는 말과 노래가 자연스럽게 오간다. 이 구조는 꾸란 낭송에서 비롯된 전통과 연결되어 있다.

아랍 문화에서 '말은 음악이 될 수 있고, 음악은 곧 말이 된다'는 감각은
마깔람 체계에서 완전히 실현된다.

소리는 정서의 기도 – 아랍 음악의 감정 구조

아랍 음악은 감정을 직접적으로 폭발시키는 구조라기보다 유려한 곡선
을 따라 천천히 이끌어 가는 구조다. 예를 들어 전통적인 아랍 가창법
에서는 하나의 음을 미세하게 꺾고 흔들며 한 문장을 길게 늘여서 부르
는 방법이 있다. 이러한 창법은 감정을 즉시 해방하기보다 점진적으로
고조하는 미학을 담고 있다.

또한 아랍어는 장모음이 많고 독특한 음가와 억양을 가지고 있다. 따라
서 말의 억양과 흐름 자체가 이미 음악적이다. 아랍 음악은 자국어의
구조를 고스란히 따르면서 감정을 표현한다.

음악은 울림의 철학이다

서양 음악이 선율과 화성을 통해 감정을 만들고 아프리카 음악이 리듬으로 움직임을 이끌어 낸다면, 아랍 음악은 '울림' 자체로 **감정과 영혼을 흔든다.** 아랍 음악의 울림은 존재 전체를 정화하는 진동이며 신성한 체험과도 가까운 감정 상태를 이끌어 낸다.

이러한 몰입 상태를 아랍어로 '타랍(Tarab)'이라고 부른다. 이 단어는 단지 감동만을 의미하지 않는다. 몸과 영혼이 동시에 흔들리는 예술적 황홀경에 가까운 상태를 가리킨다. 아랍 음악은 말과 소리, 종교와 감정, 억양과 감동 사이의 경계 위에 서 있다. 음악은 말을 하고 있지만, 그 말은 이미 음악이며, 그 음악은 기도에 가깝다.

아랍에서 음악은 단순한 감정 표현이라기보다 정서의 길이며,
세속을 넘어 신에게 이르는 울림의 철학이다.

⦚⦚⦚ 추천 음악

페이루즈 〈베이루트에게(Li Beirut)〉

 시와 노래, 기도가 하나로 어우러져 한 도시를 향한 사랑과 그리움을 울림으로 전한다. 아랍 음악의 '타랍'처럼 소리가 감정과 영혼을 동시에 흔드는 황홀경을 체험할 수 있다.

몸이 먼저 반응하는 음악, 리듬의 대륙 – 아프리카

아프리카 음악을 듣고 있으면 자연스럽게 몸을 움직이게 된다. 어느새 어깨를 들썩이고 발을 구르고 있는 자신을 발견하게 된다.

이유는 단순하다.
아프리카에서 음악은 듣는 것이 아니라
함께 만들고 움직이며 살아 내는 경험이기 때문이다.

리듬은 삶의 구조다

서양 음악이 화성과 선율을 중심으로 발전했다면 아프리카 음악은 언제나 리듬이 중심이었다. 리듬은 단순히 박자가 아니라 삶을 구성하고 기억을 전하는 **질서**였다.

아프리카의 많은 전통 음악은 서로 다른 리듬이 동시에 연주되는 '폴리리듬(Polyrhythm)' 구조를 가진다. 이 리듬들은 정확히 맞아떨어지지 않고 살짝 엇갈리며 충돌하는데 그 사이에서 새로운 에너지를 만들어 낸다. 모두가 같은 소리를 내지 않음으로써 각자의 리듬이 모여 공동체의 소리를 만든다. 음악학자 존 체리노프스키는 이렇게 말했다.

아프리카 음악은 수학이 아니라, 몸의 대화다.

가나 〈아그바자(Agbadza)〉

여러 리듬이 어긋나며 겹쳐지는 폴리리듬 속에서 노래, 춤, 연주가
하나가 된다. 각자의 소리가 모여 공동체 전체의 에너지를 만들어
내는 아프리카 음악의 본질을 보여 준다.

북은 말한다

아프리카 음악에서 중요한 악기 중 하나가 '북(Drum)'이다. 북은 정보
와 감정을 전달하고 역사를 기억하는 '언어'였다. 예를 들어 서아프리카
의 '토킹 드럼(Talking Drum)'은 말의 억양을 모방하여 실제로 문장을 연
주할 수 있었다.

장례식, 결혼식, 마을 회의…
중요한 일이 있을 때는 말보다 먼저 북소리로 알려졌다.

이러한 전통은 음악이 단순한 표현이 아니라 **소통과 연결의 수단**이었
다는 것을 보여 준다. 음악은 정보이자 감정, 언어이자 기억이었다.

개인이 아닌 공동체의 리듬

아프리카 음악은 혼자 부르는 것이 아니다. 항상 함께 부르고, 함께 연
주하고, 함께 춤춘다. 노동요, 의례 음악, 치료 음악까지 — 모든 음악은
사람들의 몸과 마음을 잇는 **집단적 실천**이었다.

누구나 음악가가 될 수 있었다. 음악은 특별한 사람이 하는 게 아니라 모두가 함께 살아가는 방식이었다. 음악 민족학자 게르하르트 쿠빅은 이렇게 말한다.

아프리카 음악은 기능을 잃으면 존재를 잃는다.

음악은 감상이 아니라, 실천이자 필요였다.

llılı 추천 음악

레이디스미스 블랙 맘바조 〈홈리스(Homeless)〉

여러 목소리가 겹쳐지는 아카펠라 화음 속에서 개인의 소리가 공동체의 울림으로 확장된다. 슬픔과 희망이 동시에 담긴 노래는 아프리카 음악이 삶의 실천이자 연대의 방식임을 보여 준다.

감정은 몸으로 전달된다

아프리카 음악에서는 슬픔도 기쁨도 움직임으로 표현한다. 장례식에서는 느리고 무겁게 몸을 흔들고, 축제에서는 빠르고 강한 리듬에 몸을 맡긴다. 기우제를 지낼 때는 북과 발의 리듬으로 하늘을 향한 염원을 표현한다.

아프리카에서 감정은 말보다 리듬에 담긴다. 리듬은 몸을 통해 공동체 전체로 전달된다. 아프리카의 음악은 말보다 먼저 시작된 소리다. 기억이자 관계이며 몸이 반응하는 감정의 질서다. 우리가 듣는 북소리와 리듬에는 말로 설명할 수 없는 **삶의 실감**이 들어 있다. 그리고 지금도 세계 곳곳에서 우리의 몸과 마음을 흔들고 있다.

ılılı **추천 음악**

두두 은자예 로즈 〈세네갈 드러밍〉

 여러 리듬이 겹치고 어긋나며 북소리로 대화하듯 감정을 주고받는다. 몸을 움직이게 하는 리듬 속에서 아프리카 음악이 지닌 공동체적 힘과 삶의 실감을 느낄 수 있다.

음악은 다르다는 이유로 아름답다

우리는 서로 다른 언어를 쓰고 서로 다른 방식으로 살아간다. 이러한 차이가 소리로 발현되었을 때, 비로소 음악이 되었다.

누구는 한 음에 감정을 눌러 담고
누구는 몸으로 감정을 꺼내 춤을 췄다.

누구는 질서를 지키려 애썼고
누구는 틀을 부수며 자유롭게 외쳤다.

그렇게 태어난 음악은

어느 게 낫거나 틀리고 옳은 것이 아니다.

서로 다르기에 서로를 비출 수 있는 거울이다.

음악은 서로 다른 철학과 종교,
전통과 사회 구조가 만들어 낸
문화의 결정체다.

음악은 왜
신에게 바쳐졌을까?

말보다 먼저 울리는 것

인간은 언제부터 신을 노래하기 시작했을까? 기도는 입술로 드리지만 노래는 온몸으로 신에게 올린다. 손을 모으는 대신 양팔을 들고 말을 외는 대신 선율을 떠운다. 이른 아침 절간에 울려 퍼지는 염불, 땅거미 질 무렵 모스크 위로 흘러나오는 아잔, 촛불이 켜진 성당에서의 저녁 기도, 토라를 향해 몸을 흔들며 읊조리는 회당의 낭송. 신 앞에 선 인간의 모습은 서로 달라도 노래의 울림은 모두 한 곳을 향하고 있다.

어쩌면 음악은 인간이 신 앞에 바칠 수 있는 가장 오래된 언어였는지도 모른다. 말은 이성을 따르지만, 음악은 감정을 따라 흐른다.

종교가 인간의 삶 한가운데 깊이 뿌리내린 이유 중 하나는 음악이 있었기 때문이다. 신에게 바치는 음악에는 떨림과 두려움, 경외와 감동이 담겨 있다. 우리는 그것을 '신성한 음악'이라고 불러 왔다.

그렇다면 왜 종교는 음악을 품었을까?
그리고 왜 음악은 신에게 바쳐졌을까?

이 물음은 단지 과거의 신학적 문제가 아니다. 오늘날 음악이 갖는 힘, 음악이 감동을 줄 수 있는 이유, 그리고 우리가 음악에서 느끼는 경건함의 정체를 이해하기 위한 중요한 실마리다.

신 앞에 울려 퍼지는 첫 번째 소리

인류의 거의 모든 종교는 음악을 빼놓지 않는다. 단지 장식적인 기능만 하는 것도 아니다. 음악은 종교의 핵심 구조에 깊숙이 들어가 있다. 노래는 기도의 한 형태이며 의식의 일부다. 때로는 경전 그 자체가 된다. 종교는 음악을 통해 기억되고, 확산되며, 반복된다.

낭송과 리듬의 신앙 – 유대교
유대교에서 음악은 '노래'라기보다 '말의 울림'에 더 가깝다. 시편을 중심으로 한 **캔틸레이션**(Cantillation)은 정해진 억양과 리듬으로 경전을 읊조리는 방식을 의미한다. 예루살렘 성전에서 울려 퍼졌다는 레위인의 찬양과 하프, 비파, 나팔 등의 악기는 구약 성경에서도 자주 등장한다.

> 하프와 수금을 타며 주께 감사하고, 비파로 찬송을 부르리이다.
> — 시편 92:3

지금도 유대인 회당에서는 시편이나 토라를 가락에 실어 낭송한다. 이는 종교적 행위일 뿐만 아니라 집단적 기억의 형식이기도 하다. 말보다 길게 남는 소리는 신과의 언약을 지켜 주는 열쇠가 된다.

말씀이 노래가 되었을 때 – 기독교

기독교는 유대교의 전통을 물려받아 음악을 예배의 핵심 요소로 발전시켰다. 초대 교회에서는 가장 기본적인 예배의 형태로 시편을 찬송가로 만들어 불렀고 이후 '찬가(Hymnus)'와 '성가(Canticum)'가 생겨났다. 특히 4세기경부터 발전한 **그레고리오 성가**는 '말씀이 선율을 입은 것'이라는 점에서 매우 상징적이다.

그레고리오 성가는 복잡하지 않다. 반주 없는 단성 음악이고 천천히 흐른다. 그런데 단순함 속에서 신비로운 감동이 울린다. 이것은 영혼이 신을 향해 조용히 읊조리는 선율이다.

음악이 아닌 음악, 꾸란의 울림 – 이슬람

이슬람은 음악을 금기시하는 종교로 알려져 있다. 하지만 실제로는 '노래하지 않지만 음악처럼 들리는' 소리의 미학이 존재한다. 대표적인 예가 **아잔**(Azan)이다. 하루 다섯 번 기도를 알리는 이 소리는 멜리스마, 장음, 고조되는 음역, 일정한 리듬 등 고도의 음악적 체계를 따른다.

이슬람에서는 꾸란 낭송(Qira'at)을 '음악이 아닌 음악'이라 부르기도 한다. 이는 음악이 갖는 정서적 힘은 유지하되 신의 말씀을 향한 경외심을 흐리지 않기 위한 장치다.

🔊 **추천 음악**

아잔(기도 부름, Adhan/Āzān)

무반주의 단선율에 절제된 멜리스마와 점진적 고조가 어우러진다. 느슨한 호흡과 장음으로 음악과 기도가 맞닿는 청각적 의례를 만든다.

소리의 세계를 관통하는 염불 – 불교

불교에서는 음성과 진동 자체가 수행의 일부다. 티베트 불교의 창(Chant), 일본의 소토선 염불, 한국의 범패(梵唄) 등은 모두 소리를 마음을 비우고 깨달음에 이르는 도구로 사용한다. 범패는 서양 음악과는 다른 복잡한 장단과 장식음을 갖는다. 경전을 읊조리는 노래는 곧 '깨달음의 소리'다. 이는 소리를 통해 세속의 욕망을 벗고 고정불변하는 실체로서의 자아가 없다는 '무아'의 상태에 도달하는 여정을 상징한다.

음악은 제사였다

음악은 단지 예배를 아름답게 꾸미기 위한 장식이 아니었다. 인류의 오
랜 역사 속에서 음악은 종교 의식, 특히 '제사'의 중요한 일부였다. 제사
는 신에게 무언가를 드리는 행위이며 음악은 이때 가장 먼저 바쳐진 '제
물의 소리'였다. 그런데 왜 하필 음악이었을까?

음악은 형태가 없지만 강한 감정을 동반한다. 눈으로 볼 수는 없지만
신비롭게 퍼지고 또 사라진다. 이러한 특성이 보이지 않는 존재와 소통
하려는 인간의 욕망과 정확히 맞닿아 있었다.

신전에서 울리는 음악 – 고대 이집트와 메소포타미아

고대 이집트에서는 파라오의 통치보다 신전에 울리는 음악이 더 중요

했다. 성직자들은 매일 새벽, 낮, 저녁으로 제사를 지냈고 그때마다 하프나 플루트, 타악기 등을 연주했다. 여사제들은 노래로 신을 맞이했고, 음악은 의식의 흐름에 맞춰 조율되었다.

고대 메소포타미아에서도 마찬가지였다. 남겨진 설형 문자 기록에 따르면 신을 기쁘게 하기 위한 음악은 반드시 제물과 함께 드려져야 했다. 또한 악기를 연주하지 않으면 제사는 '불완전한 것'으로 여겨졌다.

이 시기 음악은 오늘날 우리가 감상하는 음악과는 개념이 달랐다. '신 앞에서의 음악'은 인간의 삶을 넘어서는 소리였다. 그것은 경계 너머로 닿기 위한 시도였다.

소리 그 자체가 신이다 – 인도

인도 철학에서는 소리를 존재의 본질이자 우주의 근원으로 본다. 힌두교 경전인 『우파니샤드』와 『리그베다』에는 '우주는 소리에서 비롯되었다'는 사상이 다양한 형태로 언급된다.

'옴(Om)'이라는 소리는 신의 첫 울림이며 '만트라(Mantra)'는 신과 인간을 잇는 가장 순수한 언어로 여겨진다. 만트라는 고대 인도에서 전해 내려오는 신성한 주문으로 발음하는 음성과 진동 자체에 영적인 힘이 깃들어 있다고 여겨진다. 소리를 반복하며 명상하는 이 행위는 우주의 근원과 내면의 깊이를 연결하는 통로가 되어 왔다.

나다는 브라흐만이다. (소리는 곧 신이다.)

— 『브라흐마다르냐카 우파니샤드』

이러한 사상은 고전 인도 음악의 형성과 밀접하게 관련되어 있다. 라가 (Rāga)는 특정 정서와 시간대, 제의적 상황에 맞춰 구성되는 '우주 질서의 울림'이었다.

🎵 추천 음악

〈라가 바게슈리 (Rāga Bageshree)〉

 탄푸라(현악기)의 지속음 위로 선율이 서서히 전개되다 타블라(타악기)와 함께 밀도를 높인다. 미세한 음정 변화와 긴 호흡이 '소리는 곧 신'이라는 인도 철학을 들려준다.

음악은 종교와 사회를 함께 엮는다

제사와 음악은 분리되지 않았다. 고대 그리스에서도 디오니소스 제전에서 울리는 음악은 종교적 합일을 불러일으켰다. 찬양과 술, 음악, 춤이 한데 어우러져 신과의 일체감을 경험하는 순간이었다.

고대 중국의 **예악**(禮樂) 사상에서도 음악은 제사와 통치의 핵심 수단이었다. 제사가 무너지면 음악도 흔들리고, 음악이 혼란스러우면 나라도 어지러워진다고 믿었다. 공자는 이렇게 말했다.

예(禮)는 질서를 세우고, 악(樂)은 조화를 이룬다.

이처럼 음악은 단지 정서의 표현이 아니라 우주의 질서에 맞춰 인간을 조화시키는 장치였다. 그리고 그 중심에는 항상 신(神)이 있었다.

음악, 인간을 넘어서는 무언가

말은 구체적이며 형체가 있다. 그러나 음악은 경계를 넘는다. 정해진 언어의 의미를 넘어 더욱 깊숙한 곳으로 파고든다. 그래서 음악은 제사에서 가장 먼저 쓰였다. 향기처럼 사라지고 울림처럼 퍼지며 인간을 넘어서는 그 어딘가를 가리키기 때문이다.

음악은 신에게 닿기 위한 인간의 진동이었다. 눈에 보이지 않는 신 앞에서 인간은 눈에 보이지 않는 소리로 말했다. 그것이 음악이었다.

기독교는 왜 음악을 중시했는가?

기독교가 다른 종교보다 유독 음악을 풍성하게 발전시켰다는 사실은 부인하기 어렵다. 그레고리오 성가부터 바흐의 칸타타, 현대 찬양에 이르기까지 기독교는 끊임없이 음악을 길러 왔다. 그리고 교회 음악은 단지 예배를 위한 도구를 넘어 **서양 음악의 토양**이 되었다. 그렇다면 기독교는 왜 그렇게도 음악을 사랑했을까?

말씀이 육신이 되었을 때 소리는 노래가 되었다.

기독교의 시작은 '말씀(로고스, Logos)'에서 비롯된다.

> 태초에 말씀이 계시니라.
> 이 말씀이 하나님과 함께 계셨으니,
> 말씀이 곧 하나님이시니라.
>
> – 요한복음 1:1

기독교에서 '말씀'은 신의 이성과 존재, 창조의 원리이자 생명의 근원이다. 그런데 그 말씀은 육신이 되었다. 보이지 않던 신이 인간 세상에 나타난 것이다.

이 신학적 진술은 기독교 세계관에서 음악이 가진 의미를 이해하는 데 결정적인 열쇠가 된다. 음악은 말에 영혼을 담는 방식이다. 기독교 신학에서 음악은 말씀을 감싸는 육신이며, 음악을 통해 말씀은 우리의 몸과 마음에 더욱 깊이 스며든다.

말씀이 음악을 통해 보다 '인간적인 방식'으로 다가오는 것이다.

음악은 혼란한 인간 안에 신의 질서를 새긴다 – 아우구스티누스

초기 교부 철학자 중에서도 아우구스티누스는 음악에 대한 특별한 통찰을 남겼다. 아우구스티누스는 젊은 시절 세속적인 쾌락에 탐닉했지

만 중년기에 회심하여 삶의 전환점을 맞이하고 음악을 통해 신의 질서
를 발견하게 된다.

나는 성가를 통해 신과 가까워진다.
음악은 내 안의 혼란을 정리하고, 신의 질서를 따르게 한다.
— 아우구스티누스, 『고백록』 10권 중

아우구스티누스에게 음악은 감정 분출의 통로가 아니었다. 오히려 감
정을 '신의 방식'으로 정돈해 주는 통로였다. 인간의 마음은 혼란스럽
고 복잡하지만 음악은 거기에 조화와 비례, 리듬과 조용한 질서를 부여
한다.

기독교의 음악은 단지 감동을 일으키는 수단이 아니라
영혼이 신에게 향하도록 방향을 잡아 주는 나침반이었다.

전례의 중심에 놓인 음악

기독교는 예배의 형식 안에서 음악을 '정교하게' 조직했다. 시간은 거룩
하게 나뉘었고 시간마다 정해진 노래가 있었다. 예를 들어 대림절에는
경건한 기다림의 음악, 성탄절에는 기쁨의 찬양, 사순절에는 회개의 선
율, 부활절에는 승리의 노래가 울렸다.

예배의 형식은 시간의 흐름을 따라 반복되었고 신앙은 반복되는 음악을

통해 체화되었다. 교회의 공적이고 공통적인 기도인 '성무일도(Divine Office)' 역시 음악으로 짜였다. 새벽의 마띠나(Matins)부터 밤의 콤플레토리움(Compline)까지 기도는 노래로 하루를 열고 닫는 행위였다.

기도란 말로만 하는 것이 아니라 **선율 위에서 바쳐지는 행위**였다.

교회는 왜 다성 음악을 허용했는가?

그레고리오 성가는 단선율이었다. 정숙하고 절제된 선율 하나를 공동체가 함께 불렀다. 그러나 시간이 흐르며 한 선율 위에 다른 선율을 얹는 '다성 음악(Polyphony)'이 등장했다. 다성 음악이 등장한 초기에는 그것이 제한되기도 했지만 교회는 점차 다성 음악을 받아들였다. 왜였을까?

그 이유 중 하나는 다성 음악의 **질서 있는 복잡성**이 신의 세계를 닮았다고 여겨졌기 때문이다. 단선율이 한 개인이 기도하는 모습을 나타낸다면 다성 음악은 여러 영혼이 동시에 신을 향해 나아가는 모습을 나타냈다. 질서 정연하게 얽히고 풀리는 선율들은 세 가지의 것이 하나의 실체 안에 존재한다는 신비, 곧 **삼위일체의 구조**를 연상하게 했다.

음악은 공동체의 기억을 품는다

중세 시대, 문맹률이 높았던 사회에서 교리는 글보다 노래를 통해 전해졌다. 사람들은 라틴어 성경을 읽을 수 없었지만 라틴어 성가는 입으로 외울 수 있었다. 음악은 교리를 암송하고 기억하게 만드는 최상의 방법이었다. 그리스도의 생애, 십자가 사건, 성모 마리아의 찬양, 성인의 순교 — 이 모든 이야기가 노래로 남았다.

성가대는 단순한 합창단이 아니라
교회의 기억을 노래로 간직한 수호자였다.

종교가 음악을 만들었다

서양 음악은 어디에서 시작되었는가? 누군가는 고대 그리스라고 말할지 모른다. 하지만 실제로 들리고 전해지며 사람들의 삶과 함께 했던 음악은 교회에서 시작되었다. 다시 말해 서양 음악사의 실질적인 기원은 **기독교의 전례** 안에 있었다.

모든 음악의 어머니, 그레고리오 성가

서양 음악의 첫 번째 주인공은 단연 그레고리오 성가(Gregorian Chant)다. 그레고리오 성가는 교회 전체의 시간과 공간을 정돈했다. 미사 안에서 울리는 성가는 말씀을 전달하고 공동체의 마음을 모았으며 천상의 질서를 지상에서 실현하고자 했다.

그레고리오 성가의 정제된 음정과 규칙적인 억양은 훗날 서양 음악

작곡 규범의 기초가 된다. 선법(Modality), 종지(Cadence), 프레이징(Phrasing)과 같은 이론적 개념들이 그레고리오 성가에서 비롯되었다.

그레고리오 성가를 정확히 전하기 위한 도구로서 서양 최초의 악보 표기 방식인 **기보법**이 만들어진다. 기독교는 단지 음악을 부르는 데 그치지 않았다. 음악을 **기록하고, 분석하고, 보존한** 최초의 조직이었다.

ılılı 추천 음악

그레고리오 성가 《미사 '오르비스 팩토르'》 중 〈키리에〉

자유로운 단선율이 독창과 합창으로 이어지며 인간의 기도를 단순하고 담백한 선율로 담아 낸다. 그 울림은 공동체의 마음을 모아 고요히 천상의 질서로 인도한다.

다성 음악의 실험실, 노트르담 대성당

12세기 파리, 노트르담 대성당에서는 전례의 성가 위에 다른 선율이 얹히기 시작했다. 바로 '오르가눔(Organum)'이라 불리는 초기 다성 음악이다. 가장 유명한 작곡가는 레오닌(Léonin)과 페로틴(Pérotin)이다. 이들은 성가 위에 유려한 멜리스마와 구조화된 리듬을 더하며 음악에 **수학적 질서**와 **시간의 흐름**을 부여했다.

레오닌과 페로틴의 실험은 단순한 창작이 아니라 신을 향한 소리의 확장이었다. 한 줄로는 표현할 수 없는 신의 무한함을 여러 선율로 풀어 내려는 시도였다. 이 과정에서 리듬의 기호화, 정량 기보법(Mensural Notation) 등이 등장하며 기보법은 획기적으로 발전하게 된다.

음악은 신의 영광을 수학적으로 표현할 수 있는
유일한 예술이다.

- 보에티우스(6세기 음악 이론가)

॥॥ 추천 음악

레오닌·페로틴 〈비데룬트 옴네스(Viderunt Omnes)〉

길게 늘인 성가 선율(테노르) 위에 다른 성부가 화려하고 긴 선율을 얹은 초기 다성 음악이다. 노트르담 대성당의 울림을 고려하여 만든 구조로 규칙적인 리듬 속에 질서와 신비가 함께 느껴진다.

미사와 예배가 만든 음악 형식

르네상스와 바로크 시대에 들어서며 교회는 더욱 정교하고 웅장한 음악을 품기 시작한다. 특히 '미사(Mass)'는 음악 형식의 발전에 큰 영향을 끼쳤다. 미사의 각 부분 — 키리에(Kyrie), 글로리아(Gloria), 크레도(Credo), 상투스(Sanctus), 아뉴스 데이(Agnus Dei) — 은 각각 독립적인 음악 형식으로 작곡되었고, 전체를 하나의 작품으로 구성하는 통합 미사 형식(Missa Tota)이 유행했다.

이러한 형식은 바로크 시대의 칸타타(Cantata)와 오라토리오(Oratorio)

로 이어진다. 바흐의 《마태 수난곡》, 헨델의 《메시아》 같은 작품은 교회 음악을 넘어 종교적 드라마이자 종합 예술로 발전한다. 교회는 음악이 감동과 교리를 동시에 전달하는 강력한 매체라는 사실을 누구보다 먼저 깨달았다.

ılılı, 추천 음악

바흐 《마태 수난곡》

두 합창과 두 오케스트라가 어우러져 예수의 수난 이야기를 음악으로 그린 걸작이다. 중간중간 회중이 부르는 코랄이 더해져 단순한 이야기에서 공동체가 함께 드리는 기도로 확장된다.

신학이 음악을 바꾸다 – 종교 개혁과 음악

16세기, 마르틴 루터(Martin Luther)는 성직자만이 아닌 모든 신자들이 함께 부를 수 있는 노래를 원했다. 루터는 예배 음악이 엘리트의 특권이 아니라 공동체 전체의 참여 수단이어야 한다고 말했다. 이렇게 만들어진 것이 바로 **코랄**(Chorale)이다. 그래서 코랄은 짧고 단순하다. 독일어로 된 이 찬송가는 신자들의 입에서 입으로 전해지며 예배를 더욱 생생하게 만들었다.

반면 장 칼뱅(Jean Calvin)은 음악을 보다 절제된 형태로 제한했다. 오직 시편만을 리듬에 맞춰 노래하도록 허용했다. 이처럼 신학의 해석에 따라 음악의 양식이 달라지는 현상은 종교 개혁을 기점으로 본격적으로 나타났다. 이후 음악은 점점 더 다양한 신앙의 얼굴을 가지게 된다.

음악은 신을 표현하면서 자신을 발전시켜 왔다. 교회는 새로운 형식을 실험하고 기록하며 발전시킨 음악사 최초의 학교이자 실험실이었다.

그러므로 우리는 말할 수 있다.
서양 음악의 시작은 곧 **신을 향한 음악**의 역사였다.

오늘날 우리는 무엇을 향해 노래하는가

한때 음악은 신을 향한 것이었다. 그러나 오늘날 우리는 신을 노래하는 대신 사랑, 외로움, 혁명, 욕망, 침묵 등을 노래한다. 시대가 달라졌다. 많은 이들이 종교를 중심에 두지 않고 살아간다.

그러나 경외나 기도의 감정이 영영 사라진 것은 아니다. 우리는 여전히 노래를 들으며 감동하고 위로받는다. 다만 노래의 대상이 이전처럼 명확하게 '신'이 아닐 뿐이다.

그렇다면 신앙을 의식하지 않는 시대에 음악은 어떤 자리를 차지하고 있을까? 예배 없이도 울리는 음악은 무엇을 대신하며, 반대로 음악 없는 예배는 무엇을 놓치고 있는가?

음악이 떠난 예배, 혹은 예배가 없는 음악

현대 예배는 음악 없이 상상하기 어렵다. 찬양은 여전히 신자들의 신앙 고백이자 기도 양식 중 하나이며 그 안에는 공동체의 정서와 감동이 담겨 있다. 그러나 어떤 교회의 음악은 점차 대중적 양식을 닮아 간다. 전자 악기, 감성적인 가사, 무대 위 퍼포먼스 구성. 이러한 흐름은 신앙의 깊이를 넓히는 데 기여하기도 하지만 때로는 '경배'와 '공연' 사이의 경계를 흐리게 만든다.

반대로 종교를 가지지 않은 사람들이 음악을 통해 깊은 감정의 심연에 빠지기도 한다. 어떤 음악은 종교 음악이 아닌데도 구원받고 싶은 마음, 존재의 덧없음과 아름다움, 용서에 대한 갈망을 자극한다.

예배가 없는 음악도 여전히 기도의 감정을 품을 수 있다.

누구나 한 번쯤 경험했을 것이다.

말없는 음악 속에서 눈을 감고,

가사 없는 선율에 가슴이 먹먹해지는 순간을.

음악은 여전히 '경외'의 언어다

종교사학자 미르체아 엘리아데는 인간을 '성스러움을 지향하는 존재 (Homo Religiosus)'라고 말했다. 비록 종교를 갖고 있지 않더라도 인간은 삶 속에서 어떤 '넘어섬'을 갈망한다. 우리는 그것을 '경외(Awe)'라고 부른다.

경외의 감정은 음악에서 자주 솟아난다. 장엄한 합창, 극적인 소나타의 정점, 혹은 예기치 않게 찾아오는 아름다운 화음 하나에서 우리는 가만히 멈춰 선다. 고개를 들거나 눈을 감고 말없이 고요해진다.

어떤 이는 그것을 신의 흔적이라고 부른다.
어떤 이는 삶의 신비라고, 어떤 이는 그저 감동적인 순간이라고 말한다.

부르는 이름은 제각기 다르지만

자기 자신을 넘어서고 싶은 감정만은 비슷하다.

음악은 그 문을 연다.

종교가 사라진 자리에 음악이 남는 이유

오늘날 많은 사람들이 스스로를 '무신론자' 혹은 '종교는 없지만 영적인 사람(Spiritual But Not Religious)'이라고 부르며 종교를 갖기를 거부한다. 그런데 흥미롭게도 이들 중 상당수가 음악에서 깊은 위로와 정화를 경험한다고 말한다.

유튜브에는 '묵상을 위한 음악', '그레고리오 성가 3시간', '마음이 힘들 때 듣는 찬양'이라는 제목의 영상들이 끊임없이 재생되고 있다. 범종, 아잔, 만트라, 성가가 종교를 초월하여 '위로의 소리'로 새롭게 들리는 시대다.

나는 무신론자지만,

성가를 들을 때마다 인간 안에 아직 신이 남아 있다고 느낀다.

이러한 현상은 단순한 유행이 아니다. 음악은 여전히 인간의 내면에서 신성을 향한 문을 열고 있다. 그 문이 어떤 신을 향하든 혹은 이름 없는 숭고함을 향하든 말이다.

음악은 언제나 그 자리에 있다

음악은 지금도 무언가에 바쳐지고 있다. 누군가는 신에게, 누군가는 사랑에게, 누군가는 자신 안의 고요한 목소리에게 음악을 바친다. 그 소리에는 언어나 형체가 없지만 분명하고 진한 감동을 남긴다.

음악은 아무 말없이 기도할 수 있게 해 주는 침묵이다.

- 아르보 패르트(Arvo Pärt)

우리가 신의 존재를 확신하든 의심하든, 혹은 아직 찾고 있는 여정 위에 있든 믿음의 깊이와 상관없이 음악은 여전히 인간에게 묻는다.

당신은 무엇을 향해 노래를 부르고 있는가?

우리가 노래를 멈추지 않는 이유

신을 부르든 사랑을 부르든, 혹은 아무것도 부르지 않더라도 우리는 노래를 멈추지 않는다. 음악은 인간이 지닌 가장 오래된 본능이며 가장 깊은 기도다. 음악은 형체 없는 헌신이고, 말없는 신앙이며, 마음으로 드리는 제사다.

믿음의 시대든 의심의 시대든
음악은 늘 신을 향해 열린 문의 형태를 하고 있다.

당신은 그 문 앞에서 어떤 소리로 응답하고 있는가?

음악은 인간이 신에게 바칠 수 있었던
가장 깊고 진실한 표현이다.

음악은 무엇을
말하고자 하는가?

말없는 언어, 음악

우리는 음악을 '말없는 예술'이라 부른다. 그러나 가만히 생각해 보면 어딘가 이상하지 않은가? 음악은 말이 없는데 어떻게 우리는 음악에서 그렇게 많은 것을 듣는 걸까? 어떤 멜로디는 아무 말없이 기억을 건드리고, 어떤 화음은 언어보다 깊이 마음을 흔든다. 심지어 아무 소리조차 들리지 않는 순간에도 음악은 침묵으로 '말'을 남긴다.

그래서일까. 음악은 철학보다 먼저 우리에게 도착한다. 논리를 따지기 전에 감정을 흔들고, 설명을 듣기도 전에 무언가를 '알게' 만든다. 우리는 음악 앞에서 설명이 아니라 존재로 반응한다. 고대 그리스 철학자들은 이를 그냥 지나치지 않았다. 철학자들은 음악을 우주의 질서이자 인간 영혼의 거울, 진리의 일부로 보았다. 음악은 곧 보이지 않는 원리를 듣는 방식이었다.

그러나 시대가 지나면서 음악은 점차 '감성의 영역'으로 물러났다. 모든 것이 말로 설명되는 세계에서 말없는 음악은 주변에 머무는 예술로만 여겨졌다. 하지만 정말 그럴까?

음악은 언어보다 앞서, 이성보다 깊이,
감정보다 넓은 차원에서 무언가를 말하고 있다.

우리는 그 소리를 듣고, 흔들리며, 때로는 살아갈 방향을 바꾸기도 한다.

그렇다면 이제 질문해야 한다.
음악은 과연 무엇을 말하고 있는가?
그리고 우리는 음악이 하는 말을 진실로 듣고 있는가?

말없이 가장 깊은 사유를 전하다

사유(思惟)는 언제나 언어로 시작되는 걸까? 우리는 생각을 글로 쓰고 말로 풀어 내며 논리로 증명하려 한다. 하지만 어쩌면 정말 깊은 사유는 말보다 먼저 소리를 통해 시작되었는지도 모른다.

고대 그리스 철학자 피타고라스는 어느 날 대장간을 지나며 망치 소리에 귀를 기울였다. 대장간에서는 여러 소리가 서로 다르게 울리고 있었다. 피타고라스는 망치의 무게와 길이, 재료의 차이가 소리의 차이를 만든다는 것을 깨달았다. 그리고 현악기의 줄 길이를 달리하는 실험을 통해 어떤 비율에서 소리가 조화롭게 들리는지를 알아 냈다.

어떤 소리들은 특별히 아름답고 조화롭게 들린다. 소리의 조화는 숫자의 비례와 깊은 관련이 있다. 현의 길이를 2:1로 나누면 옥타브(8도), 3:2는 완전5도, 4:3은 완전4도가 된다.

피타고라스는 소리의 조화와 숫자의 비례 사이의 관계를 단순한 음향 현상이 아닌 자연의 원리이자 우주의 구조로 보았다. 천체의 움직임도 이와 같은 조화를 이룬다고 믿었던 피타고라스는 소리의 수학적 비율이 우주의 질서와 연결된다는 통찰을 **우주의 음악**(Musica Universalis)이라고 불렀다.

물론 오늘날 우리는 피타고라스가 말한 대로 우주에서 실제로 음악이 울리고 있다고 보지는 않는다. 그러나 피타고라스의 표현은 단지 시적 은유만은 아니었다. 피타고라스에게 음악은 감각적으로 들리는 소리를 넘어 보이지 않는 질서를 감지하게 만드는 철학적 언어였다.

이러한 관점은 플라톤과 아리스토텔레스에게 영향을 끼쳤다. 플라톤은 음악에 영혼을 조율하고 국가를 바로 세우는 힘이 있다고 보았다. 잘 구성된 음악이 사람의 성품을 고양한다는 것이다. 아리스토텔레스는 음악이 감정을 정화하고 인간을 더 나은 상태로 인도한다고 생각했다. 두 사람 모두 음악을 교육과 윤리의 도구, 나아가 철학적 실천의 일부로 보았다.

이러한 사상은 중세에 들어 보에티우스(Boethius)에 의해 체계화된다. 그는 『음악의 원리』에서 음악을 다음과 같이 세 가지로 구분했다.

- 우주의 음악(Musica Mundane): 천체와 자연의 움직임 안에 숨어 있는 조화의 원리
- 인간의 음악(Musica Humana): 인간의 육체와 영혼, 정신 사이의 균형과 조화
- 들리는 음악(Musica Instrumentalis): 실제 연주되고 들리는 소리

오늘날 우리가 생각하는 음악은 이 중 세 번째인 '들리는 음악'에 해당한다. 하지만 고대와 중세 사람들에게는 **들리지 않지만 존재하는 질서로서의 음악**이 중요했다. 음악은 존재의 구조를 드러내는 사유의 언어였기 때문이다.

이처럼 철학은 음악으로부터 출발했다고 해도 과언이 아니다. 철학자

들은 소리에서 질서를 보았고, 질서에서 세계의 원리를 사유했다. 그들에게 음악은 **진리를 듣게 하는 도구**이자 **삶을 이해하는 방식**이었다.

오늘날 우리는 음악을 감정 표현이나 취향의 문제로만 여기는 경향이 있다. 하지만 고대 철학자들이 생각했던 것처럼 음악은 여전히 말없는 사유의 형태, 보이지 않는 구조를 감지하게 하는 예술, 존재의 가장 깊은 층위에서 울리는 언어일지도 모른다.

음악은 말이 없다.
그러나 음악의 침묵 속에서 우리는 가장 깊은 사유와 마주한다.
그리고 묻는다.

"소리의 질서는 어디에서 왔는가?"
"나는 지금 무엇을 듣고 있는가?"
"내가 놓인 세계는 어떤 모습인가?"

말없이 다가오는 사유.
그것이 고대 철학자들이 발견한 음악의 본질이었다.
그리고 오늘날 우리가 다시 들어야 할 울림이기도 하다.
음악은 말없이, 그러나 깊게 철학하고 있었다.

감정과 질서 사이를 울리는 진리

한 곡의 음악을 듣고 나서 우리는 왜 울컥하거나 미소 짓게 될까?
음악은 결국 음의 높낮이와 리듬, 길이와 간격의 배열일 뿐인데 그 단
순한 소리가 어떻게 사람의 마음을 이토록 깊이 건드릴 수 있을까?

이 질문은 오래전부터 철학자들이 붙잡고 놓지 않았던 질문이다.
음악은 감정의 언어인가, 아니면 질서의 구현인가?

이러한 물음은 단지 음악에 대한 생각을 넘어 예술이란 무엇인가, 인간
이란 어떤 존재인가라는 더 깊은 질문으로 확장된다.

감정을 흔드는 소리 – 파토스의 언어

음악은 문법이나 개념 없이도 우리 안의 감정에 직접적으로 다가온다.
슬픔이나 기쁨, 외로움, 환희 같은 감정은 말로 설명하기는 어렵지만
어떤 선율을 통해서는 너무도 분명하게 전달된다. 이것이 바로 음악이
지닌 **감정의 언어**(Pathos)로서의 힘이다. 루소는 이렇게 말했다.

> 음악은 인간의 감정에 직접 작용하는 예술이며
> 언어보다 본질적인 전달 수단이다.

어린아이도, 언어를 이해하거나 구사하지 못하는 이도 음악 앞에서는

눈물을 흘리거나 웃음을 터뜨리는 등 감정을 분출하곤 한다. 음악은 인간의 감정 구조에 닿는 보편적 언어이기 때문이다.

동시에 가장 논리적인 예술

놀라운 점은 바로 여기 있다. 이처럼 감정을 건드리는 음악은 사실 철저한 **질서와 구조**에 따라 만들어진다는 것이다.

음계, 화성, 리듬, 형식…
음악의 모든 구성 요소는 수학적이고 논리적이다.

작곡가는 단지 감정을 '흘려 놓는' 사람이 아니다. 오히려 정해진 규칙 안에서 소리의 흐름을 설계하는 건축가에 가깝다. 베토벤은 규율에서 자유를 찾고자 했고 질서에 감정을 담는 음악을 지향했다. 이는 음악이 단지 감성의 발산이 아니라 규칙 속에서 자유를 만들어 내는 예술이라는 점을 말해 준다. 칸트는 이렇게 말했다.

> 음악은 시간 속에서만 존재하는 예술로서
> 순전히 감각적이지만 구성적 질서를 가진다.

이성과 감성 사이 - 플라톤과 아리스토텔레스

플라톤은 음악이 인간의 욕망을 자극하고 혼란을 줄 수 있다고 보며 감정적인 음악을 경계했다. 플라톤의 이상 국가에서는 지나치게 감성적인 음악을 제한하고 영혼을 조화롭게 만드는 음악만을 허용한다.

반면 아리스토텔레스는 음악이 사람의 감정을 정화한다고 보았다. 또한 '카타르시스(Catharsis)'라는 개념을 통해 음악이 격한 감정을 외부로 발산시켜 내면을 평온하게 만드는 역할을 한다고 설명했다.

음악이 인간의 감정에 미치는 영향에 대한 두 사람의 견해는 달랐지만 플라톤과 아리스토텔레스 모두 음악이 인간의 내면에 강하게 작용하는 예술임을 인식하고 있었다. 우리는 음악을 감성으로만 들을 수도 없고, 이성으로만 이해할 수도 없다. **좋은 음악은 우리의 감정을 울리면서 동시에 질서를 느끼게 한다.** 복잡한 화성과 미묘한 리듬의 진행이 듣는 이를 긴장하게 만들고, 마침내 도달하는 해소의 순간은 단지 감정의 쾌락만이 아닌 세계의 신비한 조화를 느낀 듯한 충만감을 선사한다.

그럴 때 우리는 말한다.
"이 음악은 정말 아름답다."

아름다움, 감정과 질서가 만나는 순간

고대 그리스에서 '아름다움(Kalos)'이란 단지 보기 좋거나 듣기 좋은 것만을 의미하지 않았다. 아름다움은 조화로운 질서와 윤리적 선함이 함께 있는 상태였다. 음악에서의 아름다움도 질서 있는 감동, 구조를 갖춘 감성, 감성과 이성이 조화를 이룬 순간에 완성된다.

음악은 묻는다.

"너는 지금 이 소리를 느끼고 있는가, 아니면 이해하고 있는가?"

"감동 속에 어떤 질서가 숨어 있다는 것을 느끼는가?"

질문 앞에 멈춰 서는 순간

우리는 이미 **음악을 통해 철학하고 있다.**

언어보다 먼저 삶의 감동을 전한다

우리는 생각을 정리할 때 언어를 사용하고 감정을 표현할 때도 주로 말에 의존한다. 그러나 말로는 도저히 설명할 수 없는 감정이 있다. 마찬가지로 언어가 닿지 못하는 진실도 있다.

그럴 때 음악이 먼저 말을 건다.

어떤 말보다 먼저, 어떤 의미보다 깊게.

음악은 세계의 본질, 의지를 드러낸다 – 쇼펜하우어

19세기 독일 철학자 아르투어 쇼펜하우어는 음악을 모든 예술 가운데 가장 근원적인 예술로 보았다. 쇼펜하우어는 이 세계가 **의지**(Wille), 즉 설명할 수 없는 근원적 생명의 충동으로 이루어져 있다고 보았다. 우리가 생각하고 말하기 전부터 존재하는 **살아가고자 하는 힘**, 그것이 의지다. 다른 예술들이 세계를 묘사한다면 음악은 의지를 직접 표현한다.

> 모든 예술은 이데아(Idea)를 모방하지만,
> 음악은 세계 그 자체를 모방한다.

회화는 사물의 모습을, 문학은 개념과 이야기를, 조각은 형태를 재현한
다. 그러나 음악은 보이는 것도 말해지는 것도 없이 존재의 진동 자체
를 울린다. 음악의 진동은 말 이전의 감정, 욕망, 고통, 생명력을 드러낸
다. 쇼펜하우어에게 음악은 인간 내면에 있는 무의식적 충동을 가장 직
접적으로 표현하는 예술이었다.

음악은 삶 그 자체의 격렬한 떨림이다 – 니체

쇼펜하우어 철학에 영향을 받았던 프리드리히 니체에게도 음악은 단순
한 감정의 예술이 아니었다. 니체는 음악을 디오니소스적 예술, 즉 이
성의 통제를 넘어 본능과 열정, 생명의 충동을 표현하는 예술로 보았
다. 또한 고대 그리스 비극의 기원을 해석하며 예술에는 두 가지 충동
이 있다고 말한다.

- 아폴론적 충동: 이성, 질서, 형식
- 디오니소스적 충동: 혼돈, 본능, 생명력

음악은 이 중 후자, 디오니소스적 충동의 예술이다. 음악은 말로 설명

하지 않고 몸을 흔들며 감정을 일으킨다. 음악에는 존재의 깊은 곳을 울리는 힘이 있다. 니체는 특히 바그너의 음악에서 이성과 윤리를 넘어서는 생명력의 분출을 보았다. 그리고 삶의 고통과 황홀을 동시에 경험할 수 있다는 가능성을 말했다.

언어 이전의 세계

쇼펜하우어와 니체 모두 음악이 언어보다 먼저, 논리보다 깊이 다가오는 예술이라는 점을 강조했다. 우리는 어떤 음악을 들을 때 말은 되지 않지만 분명히 존재하는 감동을 느낀다. 그 감동은 어떻게 가능한가?

우리가 언어로 정리하기 전에 삶이 먼저 느끼는 어떤 떨림이 있기 때문이다. 그 이름 모를 떨림이 음악 속에서 되살아난다.

설명하지 않지만 이해된다

우리는 음악을 들을 때 설명을 요구하지 않는다. 그저 듣고, 느끼고, 반응할 뿐이다. 이해하려고 노력하지 않아도 음악은 우리의 몸과 마음을 통과하며 우리가 생생히 살아 있다는 느낌을 갖게 한다. 이것이 바로 쇼펜하우어가 말한 '의지', 니체가 말한 '생명'의 울림이다.

음악은 철학처럼 개념을 사용하지 않는다. 하지만 무엇보다 먼저 우리가 왜 살아야 하는지에 대한 질문을 던진다. 또 때로는 어떻게 살아야 하는지를 알려 주기도 한다.

흐르며 존재하고, 사라지며 기억을 남긴다

음악은 눈에 보이지 않는다. 손에 잡히지도 않고, 어딘가에 머물지도
않는다. 음악은 흘러야만 존재하는 예술이다. 우리가 듣는 음악은 그
순간이 지나가야 다음 소리가 도착하고, 다음 소리가 계속 흘러야 하나
의 선율이 만들어진다.

멈추는 순간, 음악은 음악이 아니게 된다.

시간 속에서만 존재할 수 있다

조각은 한눈에 보이고, 그림은 순간을 붙잡고, 건축은 공간에 머문다.
그러나 음악은 시간이라는 재료 없이는 존재할 수 없다. 작곡가는 소리
의 흐름을 계획하고 연주자는 그 흐름을 구현한다. 청자는 시간의 흐름
을 따라가며 의미를 완성한다.

음악은 단지 '지나가는 소리'가 아니라
흐름 그 자체가 본질인 예술이다.

존재는 시간 속에서 드러난다 – 하이데거

20세기를 대표하는 철학자 마르틴 하이데거는 그의 저서 『존재와 시간
(Sein und Zeit)』에서 다음과 같이 말한다. 인간은 '현재'라는 고정된 지
점에 머무르지 않고 과거를 기억하고 미래를 예감하는 존재, 즉 시간

속에 열려 있는 존재다. 우리는 늘 흘러가며 흐름 속에서 자기 자신을 정의한다.

음악도 마찬가지다. 한 음, 한 박자가 아무리 아름다워도 앞뒤 맥락 속에 놓이지 않으면 소리는 의미를 가지지 못한다.

음악을 듣는다는 것은 시간을 듣는 일이며,
시간의 흐름 안에서 자신을 느끼는 일이다.

지속으로서의 시간 – 베르그송

프랑스 철학자 앙리 베르그송은 시간의 본질을 시계나 숫자로 측정할 수 있는 양적인 시간(Temps)이 아니라 감각과 의식의 흐름인 질적인 시간, 즉 지속(Durée)으로 보았다. 베르그송은 인간의 의식은 중단되거나 분절되어 있지 않으며 과거와 현재, 미래가 겹쳐진 끊김 없는 유기적 흐름 속에 놓여 있다고 말한다.

음악은 베르그송의 지속 개념을 잘 보여 준다. 선율을 듣는 순간 우리는 앞의 음을 기억하고, 지금의 음을 감각하며, 다음 소리를 예감한다. 세 가지 순간이 겹쳐질 때 우리는 감동을 느낀다.

음악은 그 자체로 지속의 체험이며
삶이 흘러간다는 사실을 인식하게 하는 예술이다.

음악과 삶, 흐름이라는 공통의 구조

인생도 음악과 유사하다. 하나의 순간만을 붙잡을 수 없고 전체는 끝을 향해 흐르며 비로소 하나가 된다. 음악이 흘러야 진행되듯 삶도 흘러야 지속되고 의미를 남긴다. 종지부가 있어야 곡이 끝나듯이 죽음이 있어야 삶도 종결되고 비로소 완성된다.

어쩌면 우리는 음악을 들으며 자신의 시간을,
자신의 존재 방식을 듣고 있는지도 모른다.

사라지면서 남기는 감각의 흔적

음악은 보통 시간이 지나면 기억에서 사라지지만, 어떤 음악은 몇 초 안에 한 사람의 머릿속에 각인되어 평생 남기도 한다. 기억에 새겨진 음악은 그 음악을 들었을 때의 감정, 냄새, 얼굴, 표정까지 함께 떠오르게 한다.

그건 단순한 회상이 아니다.
음악이 삶의 한 조각이 되어 **내 안에 살아 있는 것**이다.

우리는 음악을 들으며 시간을 기억하고,
흘러가는 것들 사이에서 사라지지 않는 것을 찾는다.

철학이 닿을 수 없는 자리에서 말한다

말로 다 할 수 없는 게 있다. 마음에 남지만 문장으로 옮기지 못하는 감정, 지금 느끼고 있지만 아직 생각으로 정리되지 않은 느낌. 그럴 때 음악이 있다. 음악은 **설명하지 않지만, 전한다.**

말이 되지 않는 것을 말하는 예술. 그것이 음악이다.

말로 설명되지 않는 감정들

사랑을 말로 정의할 수 있을까?
그리움, 외로움, 용서, 기쁨… 언어로 표현하려 노력해 봐도 정작 가장 깊은 감정은 말이 멈추는 자리에서 느껴진다.

음악은 바로 그 자리에 도착한다.
개념이 사라진 자리, 정의할 수 없는 감정이 일렁이는 그 자리에.

음악은 종종 철학보다 먼저 진리를 전한다.
말로는 안 되는 것을, 음악은 울린다.

음악은 개념 없이 사유한다 – 아도르노

독일의 철학자이자 음악학자 테오도어 아도르노는 '음악은 개념 없이 사유하는 예술'이라고 했다. 아도르노는 음악이 언어처럼 구조를 갖고 있지만 언어와는 달리 명시적인 개념 없이 사유할 수 있는 방식이라고 보았다. 즉 음악은 말이 없지만 그 자체로 생각의 흐름, 세계에 대한 해석, 그리고 시대에 대한 비판이 가능하다는 것이다.

특히 현대 음악의 불협화음과 침묵은 그 자체로 고통의 역사, 인간 내면의 분열, 그리고 언어로 표현될 수 없는 현실에 대한 응답이었다. 음악은 설명하지 않았지만 침묵조차 철학이 되었다.

침묵조차 음악이 된다 – 존 케이지

작곡가 존 케이지는 〈4분 33초〉라는 전설적인 작품을 남겼다. 연주자는 아무 소리도 내지 않고 4분 33초 동안 연주석에 앉아 있다. 관객은 공연장의 철저한 침묵 속에서 자신의 숨소리, 다른 관객의 기침 소리, 창밖의 바람 소리 등을 듣게 된다. 케이지는 이렇게 말한다.

나는 아무리 조용히 있어도, 들리는 것을 멈출 수 없었다.

이 작품은 관객에게 큰 충격을 안겨 주었고 동시에 질문을 던졌다. 무엇이 음악이고, 무엇이 아닌가? 무엇이 의미이고, 무엇이 우연인가?

케이지에게 음악은 의미 있는 소리를 만드는 게 아니었다. 존재하는 모든 소리 안에서 의미를 발견하는 태도였다. 즉 케이지에게 음악은 곧 존재론적 청취였다.

음악은 듣는 이를 통해 완성된다

음악을 들을 때 우리는 감상자일 뿐 아니라 해석자이자 공명자가 된다. 동일한 곡도 사람마다 다르게 들리고 다른 삶의 순간에 다르게 다가온다. 음악은 악보와 연주만으로 완성되지 않는다. 듣는 이의 기억과 감정, 존재의 결이 겹쳐져야 비로소 완성된다. 레비나스는 '듣기란 타자를 향한 윤리적 만남'이라고 했다. 또한 가다머는 말했다.

이해는 대화다. 예술 작품은 해석자를 필요로 한다.

우리는 음악을 듣는 순간, 작곡가와 연주자, 과거의 시간,
그리고 지금 여기에 있는 **또 다른 나와 마주한다.**

철학이 멈춘 자리에서 음악이 계속된다

철학은 말로 사유한다. 개념, 구조, 논증, 분석…
하지만 삶은 언제나 그 언어를 넘어선다. 누구를 사랑하고, 무엇을 믿으며, 왜 살아가야 하는지에 대한 질문 앞에서 논리는 때로 너무나 차갑다. 그럴 때 음악은 남아 있다.

해답이 아닌 울림으로. 설명 대신 감각으로.
개념이 아니라, 온몸의 떨림으로.

마지막 질문

우리는 음악을 들으며 세계를 이해하려 한다. 그러나 정작 음악은 세계가 아니라 나 자신에 대하여 말해 주고 있는지도 모른다. 언어보다 먼저, 논리보다 깊게. 음악은 늘 우리 안의 무언가를 흔들어 깨운다.

때로는 잊고 있던 감정, 때로는 외면하던 진심.
때로는 아직 만나지 않은 또 다른 나.

음악은 철학보다 먼저 질문하고, 철학이 멈추는 자리에서 마지막으로 울린다. 음악이 던지는 질문은 여전히 언어로는 다 표현되지 않지만 그 울림은 분명히 우리 안에 머물고 있다.

이제, 당신에게 묻는다.

당신의 울림은 어디에서 왔는가?
그리고 지금 당신은 무엇을 향해 살아가고 있는가?

음악은 말로 표현할 수 없는
진심을 울리는 소리다.

왜 서양 음악사에는
여성 작곡가가 보이지 않을까?

사라진 이름들, 지워진 목소리들

클래식 음악사를 접한 사람이라면 누구나 한 번쯤 이런 질문을 한다.
"근데 왜 여성 작곡가는 없어요?"

이 질문은 교묘하게 역사를 비껴간다. 마치 여성이 작곡을 하지 않았거나 능력이 없었기 때문에 음악사에서 사라졌다는 인상을 주기 때문이다. 질문은 이렇게 바뀌어야 한다.

여성은 왜 음악사에서 배제되었는가?

역사란 단지 과거를 나열한 기록이 아니다. 무엇을 기록하고 무엇을 지우느냐에 따라 역사의 얼굴은 달라진다. 특히 '예술'이라는 영역에서는 더욱 그렇다. 예술은 개인의 재능만으로 완성되지 않는다. 사회적 조건, 제도적 통로, 평가 기준 이 모든 것이 결합되어야 비로소 예술가로 존재할 수 있다. 여성 작곡가가 음악사에 드러나지 않은 이유는 그들이 작곡을 하지 않았기 때문이 아니다. 그들이 작곡할 수 없게 만든 사회 구조와 작곡을 했더라도 그것을 인정하지 않은 평가 기준이 있었기 때문이다.

이 문제는 음악에만 국한되지 않는다. 문학, 미술, 철학 등 수많은 창작의 장에서 여성은 한없이 **조용해야만 했다.** 여성은 이름이 남겨지지 않았고 남겨졌더라도 곧바로 잊혀졌다. 심지어 어떤 이들은 아예 이름을 가질 수조차 없었다.

음악사에서 여성 작곡가를 찾는다는 것은 단지 이름 몇 개를 발굴하는 일이 아니다. 그것은 우리가 예술을 기억하고 해석하는 방식 전체를 되묻는 과정이다.

여성은 음악을 하지 않았다?

오랜 시간 동안 우리는 '서양 음악사'라는 단단한 구조 안에서 위대한 작곡가들의 이름을 외워 왔다. 바흐, 모차르트, 베토벤, 브람스, 말러, 쇼스타코비치… 거기에는 늘 남성의 이름만 있었다. 시험에 나오는 이름도, 공연장에 오르는 이름도, 교과서에 실리는 이름도 모두 남성이었다.

그러다 보니 당연히 이렇게 생각하게 된다.
'그 시대에는 여성이 작곡을 하지 않았나 봐.'

이러한 생각은 역사의 표면만을 바라볼 때 생겨난다. 우리는 이렇게 질문해야 한다. 여성 작곡가는 정말 존재하지 않았는가? 아니면 **보이지 않게 되었는가?**

답은 분명하다. 여성 작곡가는 존재했다. 창작 활동을 하고 작품을 남겼다. 다만 그들의 활동은 정식으로 인정되지 않았고 제도 밖에서 이루어졌다. 그리고 무엇보다 **역사에서 지워졌다.**

중세의 힐데가르트 폰 빙엔은 베네딕트 수녀원에서 70곡이 넘는 성가와 오라토리오, 신비주의적 저작을 남겼다. 힐데가르트는 신학자이자 자연 과학과 약초학에 정통한 치유자였고 동시에 작곡가였다. 그럼에도 오랫동안 서양 음악사에서는 그녀의 이름이 '여성 신비가' 정도로만 간략히 언급되었다.

르네상스와 바로크 시대에도 많은 여성들이 작곡 활동을 이어갔다. 이탈리아의 프란체스카 카치니는 현존하는 가장 오래된 여성 작곡가의 오페라인 〈루지에로의 해방〉(1625)을 남겼으며, 바르바라 스트로치는 섬세하고도 대담한 칸초네와 아리아로 동시대 남성 작곡가들과 어깨를 나란히 했다. 프랑스 궁정에서는 귀족 여성들이 자신만의 살롱에서 음악을 만들고 연주했다.

하지만 이들의 이름은 역사에서 거의 언급되지 않았다.

이러한 여성 작곡가들의 존재는 '예외적인 사례'가 아니다. 그것은 드러나지 않았을 뿐 또 하나의 흐름이었다. 여성들은 꾸준히 음악을 만들고 연주했으며 공연을 열었다. 다만 여성들의 활동 무대가 살롱과 수도원, 그리고 가정이었기에 '공적 기록'에서 배제되었고 '공식 음악사'에서 누락되었을 뿐이다.

그렇다면, 진짜 질문은 이것이다.
무엇이 여성 작곡가들을 역사에서 지워지도록 만들었을까?

여성은 왜 창작할 수 없었나

여성 작곡가는 음악사에 없는가?

이 질문은 이렇게 바뀌어야 한다.

왜 여성은 작곡가가 될 수 없었는가?

그 답은 한 가지가 아니다. 음악이라는 예술을 둘러싼 종교적 규범, 사회 제도, 문화적 통념 등이 오랫동안 여성을 무대 밖, 제도 밖, 기록 밖으로 밀어냈기 때문이다.

여성의 목소리를 금지한 교회

서양 음악의 역사는 교회 안에서 시작되고 자라났다. 중세부터 르네상스, 바로크 시대 초기까지 작곡은 곧 전례와 신앙의 언어였다. 하지만 전례의 공간에서 여성은 침묵을 강요받았다.

여성은 사제가 될 수 없었고 공식적인 전례를 주관할 수도 없었다. '작곡'이라는 고도의 지적 작업은 남성 성직자만의 영역이었다. 수도원 안에서 여성의 음악 활동은 몇몇 제한된 예외가 있었을 뿐, 주요한 교회의 목소리로 인정받지 못했다. 심지어 힐데가르트 폰 빙엔조차도 자신의 음악이 '하늘로부터 온 계시'임을 강조해야 했다. 여성이라는 이유로 창작뿐 아니라 교회의 모든 직무에서 배제되었기 때문이다.

여성의 진입을 막은 교육과 직업 구조

교회를 벗어나도 상황은 바뀌지 않았다. 르네상스 이후 음악이 세속화되며 작곡가는 궁정, 도시, 시민 사회로 활동 영역을 넓혀갔지만 전문 작곡가가 되기 위해 필요한 모든 조건들 — 공식 교육, 출판, 연주, 후원, 네트워크 — 그 어디에도 여성의 자리는 없었다.

음악원이나 대학은 여성의 입학을 제한했다. 오케스트라나 성당 악단에도 여성 작곡가나 연주자는 거의 없었다. 출판사와 연주회는 남성 중심 네트워크로 운영되었고 여성은 '아마추어'로 머무르도록 강요받았다. 그것이 여성에게 어울리는 태도라고 여겨졌다.

작곡을 시도한 여성은 자신의 이름을 사용하는 것이 불편하거나 불가능했다. 파니 멘델스존은 자신의 곡을 동생인 펠릭스 멘델스존의 이름으로 출판했고, 클라라 슈만은 작곡가가 아니라 늘 '슈만의 아내'로만 기억되었다. 여성의 창작은 '진짜 작곡'이 아니라 사적인 표현, 연습, 취미로 축소되었다.

창작은 남성의 영역이라는 고정 관념

가장 견고한 장벽은 어쩌면 그 시대의 고정 관념이었다. 서양에서 창작은 오랫동안 이성적 활동, 구조적 사고, 형식의 예술로 인식되었는데 이러한 능력은 남성만의 고유한 자질로 간주되었다.

반면 여성은 감정적이고 즉흥적인, **장식적인 예술**에 어울린다고 여겨졌다. 여성의 음악은 너무 부드럽거나 개인적이라는 이유로 평가 절하되었다. 공적이고 규모 있는 작품 — 교향곡, 오페라, 대규모 합창곡 — 은 늘 남성 작곡가의 전유물로 여겨졌다.

여성은 표현하는 존재일 수는 있어도 창조하는 주체로는 인정받지 못했다. 예술을 창조할 수 있는 사람은 오직 남성뿐이었다. 그게 시대의 상식이었다.

이 통념은 여성 스스로에게도 깊이 각인되었다. '내가 작곡가로 인정받을 수 있을까?' '내 음악이 진지한 예술로 받아들여질 수 있을까?' 이 질문 앞에서 많은 여성은 창작을 시도조차 하지 못하거나 또는 작품을 남기고도 침묵할 수밖에 없었다.

이렇듯 여성은 외부적인 요인으로 음악사의 중심에 설 수 없었다. 종교는 여성의 예술 활동을 허락하지 않았고, 제도는 여성에게 기회를 주지 않았으며, 사회는 여성의 목소리를 예술로 인정하지 않았다. 그러나 이런 장벽들이 있음에도 여성들은 그 경계 안에서 때로는 바깥에서 조용히 창작 활동을 이어갔다.

보이지 않는 목소리들

우리가 알고 있는 작곡가들의 이름을 떠올려 보자. 그들은 대부분 교향곡을 썼고 오페라를 발표했으며 왕실이나 교회 혹은 대중 앞에서 자신의 음악을 들려줄 수 있었던 사람이었다. 여성에게는 이러한 기회가 좀처럼 허락되지 않았다. 그럼에도 누군가는 자신의 방에서, 살롱에서,

수도원에서 조용히 작곡 활동을 이어갔다. 그들은 비록 역사를 바꾸지는 못했지만 자신의 **시대를 꿋꿋이 살아낸 소리**를 남겼다.

"나는 작곡을 멈춰야 합니다" – 클라라 슈만

클라라 슈만은 19세기 낭만주의 시대의 전설적인 피아니스트였다. 유럽 전역에서 연주하며 살아 있는 신화로 불렸고, 남편 로베르트 슈만보다 더 유명한 연주자이기도 했다. 그러나 클라라 슈만은 스스로를 작곡가로 받아들이지 못했다.

> 한 여자가 작곡을 한다는 것.
> 그건 본질적으로 가능하지 않다고 여겨졌다.
> 그래서 나도 믿을 수가 없었다.

클라라 슈만은 여러 작품을 남겼지만 세상에 공개하지 못하고 피아니스트로만 살아갔다. 로베르트가 병으로 쓰러진 이후에는 생계를 책임지고 여덟 명의 자녀를 돌보았다. 이러한 현실에서 작곡은 점점 멀어지고 삶의 일부가 될 수 없었다.

이름을 빌려야 했던 작곡가 – 파니 멘델스존

파니 멘델스존은 우리가 잘 아는 작곡가 펠릭스 멘델스존의 누나였다. 어릴 적부터 동생과 함께 음악 교육을 받았고 수백 곡의 가곡과 피아노곡을 작곡했다. 그러나 가족 내에서도 그녀의 재능은 온전히 인정받지 못했다. 아버지는 이렇게 말했다. "음악은 네 동생의 직업이 될 수 있지만, 너에게는 그저 장식일 뿐이다."

파니 멘델스존은 자신의 작품 일부를 펠릭스의 이름으로 출판해야 했다. 공식 무대에서 연주할 기회는 거의 없었다. 하지만 그녀는 침묵하지 않았다. 베를린 자택에서 매주 일요일 '살롱 음악회(Sonntagsmusiken)'를 열고 자신의 곡을 연주했다. 음악회에는 당대 지식인, 예술가, 외교관 들이 모였고 살롱은 하나의 문화 중심지가 되었다. 공공 무대는 닫혀 있었지만 허락된 작은 무대 안에서 가능한 모든 방식으로 음악을 하며 살았다. 그 사적인 공간은 결국 여성이 창작 활동을 할 수 있었던 소중한 틈새였다.

살롱에서 울려 퍼진 대담한 노래 – 바르바라 스트로치

바르바라 스트로치(Barbara Strozzi)는 17세기 이탈리아 베네치아에서 활동한 작곡가이자 성악가였다. 스트로치는 여덟 권에 이르는 작품집을 남겼다. 여성의 이름으로 악보를 출판한 당시로서는 드문 인물이었다. 스트로치는 귀족도 교회 음악가도 아니었지만 살롱과 후원자의 네트워크를 통해 음악가로 살아갈 수 있었다.

스트로치의 음악은 매우 강렬하다. 섬세한 선율 안에 격정과 리듬이 숨겨져 있고 감정의 무게가 깊이 있게 녹아 있다. 사랑과 분노, 열망과 상처 같은 내밀한 감정을 칸초네와 아리아로 직조해 내며 당대 남성 작곡가들과 어깨를 나란히 한다.

그러나 스트로치의 음악은 '감성적'이라는 이유, '살롱 음악'이라는 이유로 주류 음악에서 소외되었다. 감정에 충실한 음악은 왜 열등하게 여겨졌을까? 살롱 음악은 왜 열등한 음악으로 취급받아야 했을까?

스트로치에게 살롱은 제약이 아니라 **실험과 표현이 가능한 무대**였다. 제도의 외곽에서 들려준 스트로치의 음악은 그 어떤 제도도 대신 말해 줄 수 없는 진실한 목소리를 담고 있었다.

끝내 완성된 예술의 이름 – 릴리 불랑제

프랑스의 릴리 불랑제(Lili Boulanger)는 20세기 초에 활동한 작곡가였다. 불랑제는 24세라는 어린 나이에 생을 마감했지만 그 짧은 생애 동안 프랑스 최고 권위의 작곡상인 '로마 대상(Grand Prix de Rome)'을 여성 최초로 수상하며 음악계에 깊은 인상을 남겼다.

불랑제의 작품은 섬세하고도 치밀하다. 그 속에는 인상주의적 색채와 문학적 감수성이 절묘하게 결합되어 있다. 특히 종교적 주제를 다룬 합창곡과 오케스트라 작품은 자신의 내면과 신학적 통찰을 깊이 있게 담고 있다. 그러나 음악사에서 그의 이름은 흔히 언니인 나디아 불랑제의 교육자 경력에 가려지곤 했다. 릴리 불랑제는 단지 가능성을 보여 준 아마추어가 아니라 이미 완성된 예술 세계를 지닌 작곡가였다.

기록되지 않은 목소리 – 그 외 여성 작곡가들

이름조차 자주 언급되지 않는 여성 작곡가들은 그 외에도 많다. 에이미 비치(Amy Beach)는 19세기 말, 여성 작곡가로서는 드물게 교향곡과 미사곡을 작곡하여 유럽에서도 호평을 받았다. 그러나 음악사에서는 거의 다루어지지 않는다.

플로렌스 프라이스(Florence Price)는 미국에서 흑인 여성 작곡가로는 최초로 오케스트라 연주를 이끌었지만 인종과 성별이라는 이중 장벽을 넘어서야 했다. 알마 말러(Alma Mahler)는 남편 구스타프 말러의 말 한마디에 작품 활동을 중단했다. 남편은 이렇게 말했다. "결혼한 여성이 작곡을 한다는 건 말이 안 된다."

이들의 이야기에는 개인의 서사 이상의 의미가 담겨 있다. 이 모든 이야기는 여성이 작곡가로 살아간다는 것, 그리고 여성의 이름이 음악사에 기록된다는 것이 얼마나 오랜 시간 구조적 제약 아래 놓여 있었는지를 보여 주는 증거다.

많은 여성들이 음악을 만들었고 작품을 남겼다. 그들의 활동은 분명히 예술이었다. 그러나 남성 중심의 음악사, 남성이 정한 평가 기준, 남성 중심의 기록 체계는 여성을 예외적인 존재로 만들고 역사의 그늘 아래로 밀어냈다.

음악의 기준은 누가 만드는가

우리가 알고 있는 음악사에는 어떤 패턴이 있다. '교향곡을 쓴 사람', '오페라를 만든 사람', '대작을 남긴 사람' 들이 위대한 작곡가로 불린다. 이름 앞에는 늘 숫자가 따라붙는다. 교향곡 몇 곡, 오페라 몇 편, 오라토리오 몇 편. 숫자가 많고 규모가 크며 공식 공연장에서 많이 연주되었을수록 높이 평가받는다.

그런데 이런 기준은 누가 정한 것일까?

공적이고 구조적인 음악만이 위대하다는 관념

역사적으로 '위대한 음악가'는 공적 공간에서 활동하며 구조적 완성도를 갖춘 작품을 남긴 사람으로 간주되었다. 바흐의 《마태 수난곡》, 베토벤의 《교향곡 제9번》, 말러의 《대편성 교향곡》 같은 작품은 거대한 형식, 깊은 철학성, 복잡한 구조로 인해 '예술의 정점'으로 평가받는다.

하지만 이와 같은 대규모 형식은 여성 작곡가에게는 현실적으로 불가능한 일이었다. 오케스트라를 지휘하거나 교회와 극장을 장악하고 대규모 합창단을 조직할 수 있는 자리는 오랫동안 남성의 전유물이었기 때문이다. 여성은 살롱이나 가정, 소규모 연주 공간에서 활동할 수밖에 없었다. 따라서 여성이 작곡한 음악은 가곡, 피아노 소품, 실내악과 같이 소규모 형식에 국한될 수밖에 없었다.

그러나 바로 이 지점 때문에 문제는 더욱 깊어졌다. 작은 형식의 음악은 예술로 인정받지 못했고, 여성 작곡가의 작품은 **부차적인 취미**나 **사적인 감상**으로 치부되었다. 내용이나 표현 방식의 문제가 아니었다. 형식과 환경이 기준의 틀 밖에 있었던 것이다.

위대함의 기준은 '보편'이 아니라 '배제의 결과'다

'위대한 예술'이라는 개념은 객관적이고 보편적인 것처럼 보인다. 그러나 실제로는 특정한 조건에서 선택되고, 어떤 존재는 애초에 고려 대상조차 되지 못한 결과다. 우리가 배우는 음악사는 누군가가 쓴 음악사이고, 그 누군가는 대개 남성인 학자, 비평가, 연주자, 출판인 들이었다. 그들이 정한 평가 기준은 다음과 같았다.

- 공공 공연장이 허용하는 규모의 음악
- 악보로 출판되어 널리 유통된 음악
- 기악 중심, 형식 중심, 구조 중심의 음악
- 역사적 영향력을 가진 작곡가의 음악

이러한 기준은 여성에게 불리했다. 여성은 작곡을 했지만 출판되지 않았고 그들의 연주는 살롱이나 가정에서 이루어졌다. 역사적 영향력을 가질 수 있는 경로 자체가 차단되어 있었다.

음악사 서술을 다시 써야 할 때

오늘날 음악학계는 이 같은 배제의 구조를 비판적으로 되짚고 있다. 여성 작곡가들이 남긴 가곡, 살롱 음악, 종교적 소품은 단순한 '소형 형식'이 아니다. 그것은 여성에게 허용된 **유일한 예술의 공간**이었고 공식 제도 밖에서 자신의 목소리를 표현할 수 있는 드문 통로였다. 그 음악을 사소하게 여기는 일은 곧 여성의 존재 조건 전체를 부정하는 일이다.

최근에는 '누가 음악사를 썼고, 무엇이 음악으로 인정받았는가'를 다시 묻는 시도가 활발하다. 이러한 움직임은 '페미니즘 음악학'이라 불리며 형식 중심에서 활동 중심으로, 작곡가 중심에서 문화적 실천 전체로 음악사의 범위를 넓히고자 한다. 수도원, 살롱, 가정, 학교. 여성의 창작 활동이 이루어졌던 모든 공간에서 울렸던 소리들을 이제 음악사 안으로 다시 불러들여야 할 때다.

다시 불리는 이름들

오랫동안 잊혔던 여성 작곡가들의 이름이 다시 언급되고 있다. 음악사에서 누락되었던 목소리를 다시 꺼내 들고 그들이 남긴 음악을 다시 연주한다. 이것은 단지 '추모'나 '기념'의 의미가 아니다. 기억의 틀을 새로 짜려는 조심스럽고도 근본적인 시도다.

사라졌던 이름들을 다시 호명하는 작업

1970년대 이후, 여성의 삶과 예술을 조명하는 연구가 활발해지면서 음악학에서도 여성 작곡가의 자료를 발굴하고 악보를 재편집하여 역사적 평가를 다시 쓰려는 흐름이 나타났다. 잊혔던 작곡가들의 작품이 재출판되어 공연장에서 연주되기 시작했다. 『국제 여성 작곡가 백과사전 (International Encyclopedia of Women Composers)』같은 자료집이 출간되기도 했다.

힐데가르트 폰 빙엔의 성가는 새롭게 녹음되고 있으며, 클라라 슈만과 파니 멘델스존의 작품은 음반과 학회 발표를 통해 재조명되고 있다. 릴리 불랑제의 관현악곡과 에이미 비치, 플로렌스 프라이스의 교향곡도 점차 주요 오케스트라의 프로그램 안으로 들어오고 있다.

예를 들어 독일 전통 음악 축제인 바흐페스트 라이프치히(Bachfest Leipzig)는 최근 몇 년간 공연 프로그램과 학술 세션에서 여성 작곡가와 연주자에 대한 조명을 점차 확대하고 있다. 이는 '바흐'라는 거대한 음악사 중심 인물의 이름 아래 기존의 위계적 음악사 개념을 보다 넓은 시각으로 다시 보려는 시도로 이해할 수 있다.

여성 작곡가의 현재

세계적으로 활동하는 여성 작곡가들도 점차 늘어나고 있다. 프랑스의 카이야 사리아호(Kaija Saariaho)는 감각적이고 시적인 음향으로 현대 음악의 지형을 확장했다. 러시아의 소피아 구바이둘리나, 영국의 주디스 위어, 미국의 미시 마졸리(Missy Mazzoli)와 같은 작곡가들 또한 국제 음악제와 주요 연주 단체의 프로그램에 자주 등장하고 있다.

우리나라의 진은숙 작곡가 역시 주목할 만한 사례다. 그녀는 베를린 필하모닉과의 협업을 비롯하여 유럽의 주요 오케스트라와 꾸준히 작업하며 세계 현대 음악계에서 독자적인 언어를 구축해 왔다. 2020년과 2021년, 영국의 클래식 음악 전문 사이트 '바흐트랙(Bachtrack)'이 발표한 연례 통계에서 진은숙은 '전 세계에서 가장 많이 연주된 살아 있는 작곡가' 순위에 포함되었다. 그해 순위에 오른 유일한 아시아 출신 여성 작곡가였다. 이 사실은 그녀가 뛰어난 작곡가라는 점을 보여 주기도 하지만 그녀가 아직도 **예외**로 간주된다는 점에서 오늘날 여성 작곡가들이 처한 현실의 좁은 통로를 역설적으로 드러내기도 하다.

통계가 보여 주는 불균형
'바흐트랙(Bachtrack)'은 매년 세계 클래식 음악계의 공연 데이터를 분석하여 통계를 발표한다. 2023년 보고서에 따르면 세계 주요 오케스트라에서 연주된 곡 가운데 여성 작곡가 작품의 비율은 전체의 약 7% 미만에 불과했다. 지휘자의 성비 역시 여전히 10명 중 1명 정도만이 여성이다.

이런 수치가 전혀 변화하지 않는 것은 아니다. 그러나 수백 년간 축적

되어 온 남성 중심적 음악 구조와 비교하면 이러한 변화는 아직 제한적이며 중심에 도달하지 못한 상태다.

기억의 틀을 바꾸는 일

이 글은 여성 작곡가들의 **해방**이나 **진보**를 선언하려는 게 아니다. 여전히 연주되지 않는 작품들, 소개되지 않는 이름들, 들리지 않는 음악들이 너무나 많다. 우리는 이러한 진실 앞에 정직해야 한다.

음악사를 다시 쓴다는 것은 단지 새로운 이름 몇 개를 추가하는 일이 아니다. 무엇을 음악이라 부르고, 어떤 형식을 '위대하다'고 여겼는지를 반추해 보는 일이다. 또한 누구의 소리가 역사에 남게 되었는지를 다시 묻고 기억의 기준 자체를 다시 구성하는 일이다.

이제 침묵을 끝내고
지워졌던 선율을
다시 써 내려갈 시간이다.

음악은 어떻게
저항의 무기가 되었을까?

음악은 막을 수 없었다

억압이 언어를 막을 때, 사람들은 노래했다. 말은 검열당할 수 있었지만 음악은 막을 수 없었기 때문이다. 금지된 문장은 노래로 바뀌었고 통제된 감정은 멜로디 속에서 살아남았다. 음악은 귀로 들리는 소리이자 권력을 넘어 전달되는 또 하나의 언어였다. **그렇게 음악은 저항이 되었다.** 아도르노는 음악이 억압된 진실과 사회적 침묵을 드러내는 예술이라고 말했다.

　음악은 말로 할 수 없는 것을 말한다.

노래는 때로 눈물보다 먼저 울었고, 총소리보다 멀리 퍼졌다. 감정을 모으고 분노를 견디게 하며 침묵의 대열을 깨뜨렸다. 민중의 가슴에서 시작된 선율은 광장으로 흘러나갔다. 그곳에서 사람들은 함께 노래하며 자신들의 존재를 증명해 보였다.

어떤 노래는 위로가 되었고, 어떤 노래는 외침이 되었다.
노랫말 한 줄이 금지된 책보다 멀리 퍼져 나갔고
멜로디 하나가 깃발처럼 휘날리던 시간이 있었다.

누군가는 연주하다 끌려갔고, 누군가는 노래하다 사라졌다.
그럼에도 노래는 멈추지 않았다. 사람들은 알고 있었다.
멈춘 말 뒤에서 노래가 계속될 때, 세상도 멈추지 않는다는 것을.

말할 수 없을 때, 사람들은 노래했다

사람들은 말하지 못할 때 노래했다. 입술은 닫혔지만 목소리는 선율이 되어 흘러나왔다. 그 노래는 대중에게는 분명한 메시지였지만, 지배 계층에게는 막연한 소음처럼 들렸다. 그 틈 사이로 노래는 살아남았고 사람들 사이로 은밀히 퍼져 나갔다.

19세기 미국 남부의 노예들은 성경 이야기를 부르는 척하며 자유를 노래했다. 그중 하나가 바로 〈북두칠성을 따라가라(Follow the Drinking Gourd)〉라는 노래다. 겉보기에는 평범한 흑인 영가처럼 들리지만 그 속에는 자유를 향한 **암호가 숨겨져 있었다.** 'Drinking Gourd'는 북두 칠성을 의미한다. 노예들에게는 나침반이나 지도를 소지하는 게 허락되지 않았기에 밤하늘의 별자리를 보며 방향을 판단했다. 이 노래는 북두칠성을 따라 북쪽의 자유 주(Free States)로 탈출하라는 경로를 알려주는 일종의 암호였다. '늙은 남자가 강가에 표시를 해 두었다', '강을 따라 북쪽으로 가라' 등 가사 속에 탈출 시기와 경로, 은밀한 표식을 은밀히 숨겨 놓았다.

그들에게 금지된 것은 단지 자유가 아니라 말할 권리와 기억할 권리였다. 그러나 노래는 그 모든 것을 기억하게 했다. 종이에 적을 수 없었던 메시지를 멜로디에 숨기고 입으로 전하며 가슴으로 이어갔다.

누군가 입을 다물어야 할 때, 다른 누군가는 노래를 불렀다.
그 노래는 사라지지 않고 다른 이의 입술로 옮겨 갔다.

　기억은 반복될 수 있는 상징을 통해 전해진다.

폴 리쾨르(Paul Ricoeur)의 말이다. 기억은 **상징과 감정이 함께 작동할 때** 비로소 공동체 속에서 살아남는다. 그래서 사람들은 비밀을 노래에 담았다. 노래는 시간과 억압을 넘어 살아남았고, 말의 길이 막힐 때마다 다시 입술을 찾아 울려 퍼졌다. 이후 라틴 아메리카의 민중 운동, 동유럽의 반체제 예술, 한국의 민주화 운동 속에서도 사람들은 언제나 노래를 만들었고, 노래로 말했으며, 끝내는 노래로 함께 움직였다.

말이 끊긴 곳에서 음악은 끝내 무언가를 말하고 있었다.

검열의 눈을 피해

권력은 언제나 음악을 경계했다. 가사 한 줄에 숨어 있는 진실을 두려워했고, 멜로디 하나가 군중의 심장을 흔드는 것을 막고자 했다. 노래는 검열의 첫 번째 대상이 되었고 악보와 음반, 공연과 방송은 감시의 그물에 걸렸다.

그러나 그럴수록 음악은 더욱 은밀하고도 단단하게 살아남았다. 노래는 때로 말보다 교묘했다. 직접 말하지 않고도 모든 걸 말할 수 있었기 때문이다. 검열관이 이해하지 못한 상징과 은유가 누군가에게는 또렷한 메시지가 되었다.

냉전 시대의 소련 사람들은 당의 허락 없이 만들어진 음악은 들을 수 없었다. 체제를 비판하거나 서구 문화를 닮았거나 단지 자유롭게 감정을 표현한 노래는 모두 금지되었다. 그러나 사람들은 포기하지 않았다.

사람들은 '마그니티즈다트(магнитиздат)'라고 부르는 가정용 녹음기를 이용하여 음악을 비공식적으로 녹음했다. 이를 복사하고 퍼뜨리는 방식으로 검열을 우회하는 은밀한 문화적 공동체를 만들어 갔다.

이 작은 움직임으로 우리는 알 수 있다. 음악은 곧 **연대**였고, 복사 버튼을 누르는 행위는 **자유**를 선택하는 작은 반란이었다. 사람들은 블라디미르 비소츠키의 노래를 밤마다 몰래 틀어 놓았다. 금지된 기타 소리는 철조망과 국경을 넘어 사람들의 가슴 속으로 흘러들었다. 어떤 곡은 열 번째 복사본이라 음질은 형편없었지만 오히려 그 마모된 소리는 더욱 깊은 진실의 소리처럼 들렸다.

기술이 억압을 넘어서게 해 준 시대, 음악은 기계를 통해 살아남았다.

남쪽의 칠레에서는 또 다른 방식의 침묵이 강요되고 있었다. 1973년 군사 쿠데타는 사회주의 정권을 무너뜨렸고, 수많은 지식인과 예술가가 체포되거나 실종되었다. 그 중심엔 빅토르 하라(Víctor Jara)가 있었다. 하라는 기타 하나로 사람들의 마음을 모으던 예술가였다. 공장에서, 광장에서, 대학 강의실에서 하라는 늘 사람들과 함께 노래를 불렀다.

하지만 쿠데타 직후 빅토르 하라는 잡혀갔다. 스타디움에 갇힌 수천 명 앞에서 고문을 당했고 손가락이 부러진 채 기타를 치라는 수모를 겪었다. 끝내 수십 발의 총탄을 맞고 생을 마감했다. 그의 죽음은 한 예술가의 끝이 아니라 노래가 죽임을 당할 수도 있다는 사실을 세상에 알리는 사건이었다.

그러나 그의 음악은 사라지지 않았다. 〈아만다를 기억하며〉, 〈평화롭게 살 권리〉 같은 노래들은 전 세계로 퍼져 나갔다. 사람들은 하라의 노래를 기억하고 다시 불렀다. 죽임을 당한 건 육체였지, 목소리는 아니었다. 빅토르 하라의 노래는 모두 비슷한 질문을 품고 있었다.

왜 우리는 노래해야 하는가?

체제에 굴복하지 않기 위해서, 존엄을 지키기 위해서.
삶을 말할 수 있는 마지막 언어로서.

지금은 음악이 넘쳐나는 시대지만 그 시절 금지된 노래들은 우리에게 조용히 묻는다. 음악이 그토록 위험했다면, 음악이 **진실을 말하는 힘**을 가졌기 때문이 아니었을까?

혁명의 현장에서

어떤 노래는 처음부터 모두와 함께 부르기 위해 만들어진다. 누군가의 낮은 음이 다른 이의 고음을 이끌고 떨리는 목소리가 서로 겹쳐질 때,

노래는 한 사람의 외침이 아니라 공동체를 움직이는 힘이 된다.

혁명의 순간, 음악은 도구가 아니었다. 그 자체가 하나의 **행위**였다. 구호보다 먼저 울렸고, 깃발보다 앞서 퍼졌다. 노래는 명령이 아니라 초대였고 개인을 군중 속으로 불러들이는 마법이었다. 누군가 먼저 한 음을 내면 다른 이들이 따라붙었다. 그렇게 선율은 울려 퍼졌고, 익명의 다수가 하나의 호흡으로 연결되었다.

1792년, 프랑스의 젊은 병사들이 불렀던 〈라 마르세예즈〉는 전장을 울리고 광장을 휘돌며 '국민'이라는 개념을 노래로 세웠다. 선율은 피비린내 나는 거리를 지나 마침내 프랑스를 상징하는 국가(國歌)가 되었고, 이후 많은 나라의 혁명가들은 자신만의 '라 마르세예즈'를 만들고자 했다.

남아프리카 공화국의 아파르트헤이트 체제 아래서도 노래는 하나의 무기였다. '토이토이(Toyi-Toyi)'라고 불리는 저항의 춤은 리듬에 맞춰 발을 구르며 행진하는 집단 퍼포먼스로, 그 자체가 권위에 맞서는 몸의 언어였다. 수천 명이 같은 리듬을 반복할 때 그것은 곧 **공동체의 육체적 선언**이었다.

누군가의 연설이나 수많은 사람의 구호보다 반복된 리듬과 몸짓이 더욱 강력한 메시지를 보냈다. 노래는 혁명의 불꽃이 아니다. 불꽃이 모여 자라나는 장작의 열기다. 음악은 총칼 없이도 행진을 이끌며 공권력의 방패 앞에서 물러서지 않는 용기를 불어넣는다. 무엇보다 중요한 것은 음악이 사람들 사이의 공포를 나누고 용기를 공유하게 하며 개인을 집단으로 엮는 마법 같은 힘을 지녔다는 점이다.

누군가 앞에서 선창하면, 다른 이들이 따라 부른다.
그렇게 모두가 자신의 목소리를 갖게 된다.

> 공론장은 언어적 소통을 통해 형성되지만
> 말로만 완성되지 않는다.

공론장 개념을 강조했던 독일 철학자 위르겐 하버마스의 말이다. 때로 사람들은 말 대신 노래로 모인다. 사람들의 목소리가 하나로 합쳐질 때, 사회는 움직이기 시작한다.

끝내 그 노래는 기억되었다

혁명은 종종 실패했다. 권력은 되돌아왔고 구호는 지워졌으며 거리는 다시 평온해졌다. 광장의 함성은 사라지고 연단의 목소리는 침묵했다. 그러나 이상하게도 노래만은 살아남았다. 공권력으로 말은 막을 수 있었지만 기억에 남은 선율까지 지울 수는 없었기 때문이다. 사람들은 멜로디를 흥얼거렸다. 누군가의 탄생일에, 누군가의 장례식에서, 혹은 아무도 없는 방 안에서.

노래는 기록되지 않아도 살아남았고 쓰러진 이들을 대신하여 불렸다. 멜로디는 누군가의 분노를 붙잡고 있었고, 어떤 가사는 사랑과 신념을 간직하고 있었다. 민중가요, 노동요, 저항의 찬가는 역사의 기록물이자 감정의 아카이브(Archive)다. 한 시대의 억압과 갈망이 가장 응축된 형태로 남겨진 흔적이다. 그것은 새로운 세대에게 전달되어 다시 불리고 해석되며 **새로운 의미를 가진다.**

한국의 민주화 운동 현장에서 불렸던 〈임을 위한 행진곡〉은 그 대표적인 예시다. 1980년 광주의 참극을 기억하며 만들어진 이 노래는 단지 과거를 기리는 노래가 아니었다. 광장의 촛불 아래에서 시작된 이 노래는 지하철에 탄 사람들의 이어폰 속에서 '지금'의 의미를 새로이 입는다.

'임'이 누구인가에 대한 물음은 시대마다 달라졌지만, 그 물음이 여전히 노래로 불릴 수 있다는 사실 자체가 저항이었다. 금지되었던 시절에도 사람들은 이 노래를 속으로 흥얼거렸다. 그리고 다시 부를 수 있게 되었을 때 그것은 곧 되찾은 목소리였다. 〈임을 위한 행진곡〉은 살아남은 자가 죽은 자에게 바친 노래였고 동시에 미래를 향해 나아가는 이들의 노래이기도 했다.

밥 딜런(Bob Dylan) 역시 미국의 인종 차별, 사회적 불평등, 전쟁 등 기성 정치와 언론이 말하지 않던 것들을 기타와 하모니카로 이야기했다. 그의 대표곡 〈바람 속에 흩날리네(Blowin' in the Wind)〉에 담긴 "얼마나 많은 길을 걸어야 사람이라 부를 수 있을까?"라는 물음은 단순한 시적 표현이 아니었다. 이 가사는 흑인에게, 여성에게, 가난한 자에게 왜 아직도 '인간'이라는 가장 기본적인 자격조차 주어지지 않는지에 대한 묵직한 질문을 던진다. 절망적인 현실에 던지는 뼈아픈 물음이 비유적으로 녹아 있다. 이 노래는 직접적으로 누군가를 비난하지 않지만 오히려 그 침묵 속에 더욱 강한 고발이 담겨 있었다.

듣는 이는 결국 자신에게 묻게 된다.
나는 과연 이 질문에 대답할 수 있는가?

이 물음은 단지 미국 사회만의 이야기가 아니었다. 밥 딜런의 노래는 세계 곳곳에서 차별과 불평등 속에 살아가는 사람들의 마음을 건드렸다. 그리하여 하나의 양심처럼 사람들 곁에 남았다.

존 레논(John Lennon)은 음악으로 '평화'를 선언했고, 메르세데스 소사(Mercedes Sosa)는 아르헨티나 군사 정권 아래에서 민중의 목소리를 노래하다 결국 망명길에 올랐다. 그들의 음악은 세계 어디서나 들을 수 있었지만 정작 그들이 살던 땅에서는 자유롭게 부를 수 없었다.

그럼에도 음악가들은 멈추지 않았다. 예술은 현실을 외면해서는 안 된다는 신념, 그리고 자신이 만든 노래에 책임을 진다는 용기는 그들을 저항의 상징으로 만들었다.

그들의 목소리는 시대와 장소를 넘어 이어졌다. 그들의 음악은 이제 그들만의 것이 아니었다. 억압받는 이들의 마음에 자리한 **대신 말해 주는 목소리**가 되었기 때문이다.

오늘날에도 음악은 여전히 저항인가

우리는 이제 모든 것이 자유로워진 시대에 살고 있는 것처럼 보인다. 누구나 제약 없이 노래를 만들 수 있고, 어디서든 자유롭게 노래를 들을 수 있다. 표현의 자유는 헌법이 보장하고 있으며 검열은 완전히 사라진 듯하다. 하지만 정말 그럴까?

자유는 커졌지만 그만큼 침묵도 늘었다. 이제 검열은 명령이 아니라 무관심이라는 이름으로 바뀌었다. 표현은 금지되지 않지만 조용히 묻히는 방식으로 지워진다. 알고리즘은 확신 없는 목소리를 필터링하고 시끄러운 감정은 '불편한 콘텐츠'가 된다. 이 시대의 억압은 조용하고 효율적으로 이루어진다.

그런 시대에도, 사람들은 여전히 노래한다. 2019년 홍콩의 거리에서 울려 퍼진 〈Glory to Hong Kong〉은 사라진 미래를 붙잡기 위한 시민들의 마지막 언어였다. 그들은 싸우기 위해서가 아니라 자신의 **존엄이 살아 있음을 증명**하기 위해 노래했다. 같은 해 이란의 청년 샤르빈 하지푸르는 〈위하여(Baraye)〉라는 짧은 노래에 자신의 세대가 겪는 수많은 침묵의 이유를 담았다. 그 노래는 검열될 수 있었지만 사라질 수는 없었다.

음악은 말해지지 않은 것을 말하게 하고, 보이지 않는 것을 보게 하는 예술이다. 프랑스 철학자 자크 랑시에르(Jacques Rancière)는 예술을 '감각적인 것의 재배치(Distribution of the Sensible)'라고 했다.

무엇이 들리고, 무엇이 들리지 않는가.
어떤 목소리가 세상에 남고, 어떤 진실이 삭제되는가.
음악은 바로 그 감각의 질서를 되묻는다.

지금도 세계 곳곳에서 노래는 여전히 총알처럼 날아들고,
또 누군가는 자신의 이야기를 비트(Beat) 위에 올리고 있다.

그렇게 음악은 존재의 증언이 되고, 사라지지 않겠다는 선언이 된다.

말하지 못한 것을 노래는 기억한다

어떤 시대에는 침묵이 살아남는 방법이었고, 어떤 시대에는 침묵하지 않는 것이 살아 있다는 증거였다. 노래는 그 둘 사이를 걷는다. 사라진 언어를 기억하고 지워진 얼굴에 이름을 붙인다. 그렇게 누군가의 삶이 결코 무의미하지 않았다는 것을 증언한다.

우리는 이제 모든 것을 말할 수 있는 시대에 살고 있다고 믿는다. 그러나 여전히 말할 수 없는 것들이 있다. 말하기 두려워서가 아니다. 그 말이 '의미 없음' 속에 파묻힐 것을 알기 때문이다.

그래서 우리는 여전히 노래를 만든다.
길을 잃은 마음이 다시 깃들 수 있도록,
들리지 않는 목소리들이 다시 들리도록,
말이 닿지 못한 곳까지 음악이 닿을 수 있도록.

그렇게 음악은 오늘도 조용히, 그러나 분명하게 저항하고 있다.

검열과 탄압 속에서도 음악은 꺼지지 않았다.
총칼보다 오래 남아 억눌린 이들의 이름을
기억하게 했다.

4
악
장

음악은 삶이다

매우 빠르게

고통과 선택의 순간, 예술가는 예술로 응답한다

천재는
만들어지는 걸까?

천재는 타고나는가

모차르트는 다섯 살에 작곡을 시작했다. 여섯 살부터 유럽 전역을 여행하며 수많은 무대에서 연주했다. 열 살 무렵에는 오페라를 썼다. 모차르트의 이야기를 들으면 우리는 으레 이렇게 말하곤 한다. "그건 타고난 거야. 천재니까." 이렇게 말하면 마음이 편해진다. 그만큼 해내지 못한 건 노력의 문제가 아닌 타고난 재능의 영역이라고 회피할 수 있기 때문이다. 하지만 정말 그럴까?

우리는 모차르트가 얼마나 빨리 작곡을 시작했는지는 알고 있지만, 어떤 환경에서 자랐고 얼마나 집중적인 훈련을 받았는지는 잘 모른다. 모차르트는 음악가 집안에서 태어났다. 아버지 레오폴트 모차르트는 잘 츠부르크 궁정 악단의 바이올리니스트이자 작곡가이며 유능한 음악 교육자였다. 모차르트는 어린 시절부터 아버지의 엄격하고 체계적인 지도를 받았다.

모차르트가 남긴 대표적인 오페라들 ―《피가로의 결혼》(1786),《돈 조반니》(1787),《마술피리》(1791) ― 은 모두 20대 후반 이후에 탄생했다. 모차르트가 천재적인 재능을 보였던 '신동 시절'의 이면에는 그 모든 것을 가능하게 만든 **길고도 고된 준비 과정**이 있었다.

혹독한 단련의 시절은 비단 모차르트만의 이야기가 아니다. 바흐, 베토벤, 브람스 같은 음악가들도 모두 3대 이상 음악을 해 온 집안에서 태어났다. 이렇게 보면 음악 천재는 유전이나 혈통과 깊은 관련이 있는 것처럼 보인다. 그러나 오늘날의 과학은 그렇게 보지 않는다.

미네소타 대학교 심리학자 토머스 부샤드(Thomas J. Bouchard)는 일란성 쌍둥이를 대상으로 장기 연구를 진행했고, 음악적 재능에 대한 유전적 영향은 20~30% 수준에 불과하다는 사실을 밝혀 냈다. 다른 연구에서는 유전 기여도가 10~15% 수준이라는 결과도 도출되었다. 즉 예술적 재능에는 환경, 교육, 경험 등의 요인이 중요하다.

하버드 대학교의 하워드 가드너(Howard Gardner)는 '다중 지능 이론

(Multiple Intelligences Theory)'을 통해 음악적 능력도 언어 능력처럼 조기 자극과 반복 훈련으로 충분히 발달할 수 있다고 주장했다. 음악은 '타고난 사람만의 세계'가 아니다. 어릴 적부터 듣고 배우며 그것에 익숙해진 사람이라면 누구나 도달할 수 있는 세계다.

특히 어린 시절의 환경과 경험은 뇌가 음악을 인지하고 반응하는 민감도를 형성하는 데 결정적인 역할을 한다. 이를 극적으로 보여 주는 사례가 있다. 사이코패스(Psychopath)를 연구해 온 미국의 신경 과학자 제임스 팰런(James Fallon)의 이야기다.

사이코패스는 감정을 조절하는 편도체와 전전두엽의 연결이 약하거나 구조 자체에 선천적 이상이 있는 경우를 말한다. 이들은 공감 능력이 결핍되어 있어 충동 조절이 어렵고, 상대방에게 위해가 되는 행동을 죄책감 없이 저지를 가능성이 높다. 모든 사이코패스가 범죄자가 되는 건 아니지만 극단적인 경우에는 사회적 위험 요소가 될 수 있다.

팰런은 오랜 기간 사이코패스의 뇌 구조를 연구해 왔고, 우연한 기회에 자신의 뇌를 스캔해 보았다. 그 결과 자신의 뇌 구조가 전형적인 사이코패스의 뇌 구조와 일치한다는 사실을 발견했다. 감정을 억제하는 편도체와 전전두엽 사이의 연결이 비정상적으로 약하고, 공감 능력과 판단력을 조절하는 부위의 활동도 낮았다. 게다가 팰런의 가족력에는 폭력과 범죄의 이력이 존재했다.

팰런은 이 충격적인 사실을 계기로 자신이 어떻게 사이코패스의 뇌를 가지고도 윤리적이고 안정적인 삶을 살아올 수 있었는지를 되짚어 보았다. 그 결과를 담은 책이 바로 『사이코패스 뇌 과학자(The Psychopath Inside)』다.

이 책에서 팰런은 자신이 정상적인 삶을 살아올 수 있었던 가장 결정적인 이유는 **환경**이었다고 밝힌다. 따뜻하고 일관되게 돌보아 주는 부모 밑에서 자랐고, 정서적으로 안정된 또래 관계를 유지하며 성장한 경험이 잠재된 위험 기질이 극단적으로 발현되지 않도록 억제해 주었다는 것이다. 이처럼 선천적인 뇌 구조조차 환경의 영향을 받는다면 예술적 재능은 말할 것도 없다.

재능은 씨앗이다.
환경은 그 씨앗을 틔우는 햇빛이고,
교육은 씨앗을 키우는 농부의 손길이다.

시대가 천재를 키운다

모차르트는 분명 특별한 재능을 지닌 사람이었다. 하지만 모차르트의 천재성은 단지 개인의 능력만으로 설명되지 않는다. 그를 둘러싼 시대와 환경에도 눈을 돌려야 한다. 왜 하필 18세기 오스트리아였을까? 왜 하필 계몽주의 시대였을까?

만약 모차르트가 중세 유럽에 태어났다면 어땠을까? 모차르트의 놀라운 감각과 작곡 능력은 오히려 두려움의 대상이 되었을지도 모른다. 중세 시대 사람들은 이해할 수 없는 놀라운 재능을 '악마의 선물'이나 '마법'으로 오해하곤 했다. 실제로 19세기 바이올리니스트 파가니니는 초인적인 연주 능력 때문에 '악마와 거래했다'는 소문에 시달렸다. 만약 모차르트가 중세 시대에 태어났다면 모차르트 역시 같은 의심을 받았을지도 모른다.

그러나 계몽주의 시대에 태어난 모차르트는 달랐다. 모차르트는 공포의 대상이 아니라 이성이 만들어 낸 **경이로움**으로 받아들여졌다. 시대가 모차르트를 받아들일 준비가 되어 있었기에 그의 재능은 경탄과 찬사를 받을 수 있었다.

18세기 유럽, 특히 오스트리아는 계몽주의의 물결 속에 있었다. '이성'과 '교육'은 신앙만큼 중요해졌고, 지식과 예술은 개인의 재능을 계발하고 국가의 품격을 높이는 수단으로 여겨졌다. 모차르트의 음악을 포함한 예술을 국가 발전의 도구로 삼았다. 군주들은 문화와 과학을 적극 후원했으며, 그 중심에 요제프 2세(Joseph II) 같은 계몽군주가 있었다.

모차르트의 아버지 레오폴트는 이런 시대적 분위기를 누구보다 잘 읽었다. 레오폴트는 아들의 재능이 시대의 기대 안에서 자랄 수 있도록 치밀하게 설계했다. 아들의 연주 실력, 작곡 능력, 언어 구사력, 사교성까지 — 레오폴트는 모차르트를 그 시대가 원하던 문화적 아이콘으로 키워 냈다.

모차르트는 여섯 살부터 유럽을 여행했는데 그것은 단순한 순회 공연이 아니었다. 당시 귀족 자녀들이 떠났던 '그랜드 투어(Grand Tour)', 즉 문화 교육과 예술 견학, 국제적 수련을 겸한 여정이었다. 모차르트는 여러 지역에서 다양한 음악을 듣고 서로 다른 양식을 접하고 문화적 감수성을 흡수하며 성장했다.

그래서 모차르트의 음악은 당대 유럽 문화 전체를 응축하고 있다. 오페라는 시민 계층의 감각과 유머를 담고 있고, 교향곡은 궁정의 취향을 정확히 이해하면서도 그 너머의 감성을 향해 나아가고 있다.

천재는 시대와 무관하게 태어난다.
하지만 천재로 자라날 수 있는지는 시대가 결정한다.

모차르트는 단지 재능 있는 소년이 아니었다. 계몽주의가 만들어 낸 음악적 이상의 구현이었다. 시대가 **그의 재능을 받아들일 준비**가 되어 있었기 때문에 우리는 지금도 그 이름을 기억할 수 있게 되었다.

천재에게도 연습이 필요하다

'천재'라는 단어에는 몇몇 이미지가 따라붙는다. 노력하지 않아도 뭐든지 쉽게 해내는 사람, 배우지 않아도 이미 알고 있는 사람, 손끝만 움직여도 예술이 되는 사람. 하지만 실제로 알려진 천재들의 삶은 이런 환상과는 거리가 멀다. 천재는 누구보다 오랫동안 깊이 몰입하여 훈련했던 사람이다.

모차르트는 단지 '빨리 시작했다'는 이유로 천재라고 불린 게 아니다. 그의 재능은 철저한 훈련과 축적된 경험 속에서 다듬어지고 완성되었다. 매일 몇 시간씩 악기를 연주하며 연습했고, 기보법과 화성 이론을 익혔다. 아버지 레오폴트의 지도 아래 수많은 작곡 실습과 실내악 연주를 반복했다. 어릴 때부터 유럽 각국을 여행하며 다양한 연주 환경에 노출되었으며 그 과정에서 모차르트는 다양한 음악 양식, 언어, 리듬, 감수성을 온몸으로 체득했다.

그의 손은 멈추지 않았고, 그의 귀는 끊임없이 듣고 분석했다.

1만 시간의 법칙은 무엇을 말하는가

심리학자 앤더스 에릭슨(K. Anders Ericsson)은 전문가가 되기 위한 핵심 조건으로 '의도적인 연습(Deliberate Practice)'을 강조했다. 이는 단순히 시간을 오래 쓰는 것이 아니라 집중된 목표를 가지고 여러 시행착오를 겪으며 이루어지는 훈련을 말한다.

말콤 글래드웰(Malcolm Gladwell)은 이 개념을 대중적으로 확산시켰다. 말콤은 그의 대표작 『아웃라이어(Outliers)』에서 이렇게 말한다.

어떤 분야에서든 대가가 되려면
최소한 1만 시간의 연습이 필요하다.

모차르트는 어릴 적부터 이미 1만 시간의 고비를 밟아 가던 사람이었다. 모차르트의 진정한 걸작들이 탄생한 시점은 수많은 실패와 반복의 경험이 쌓인 20대 후반 이후였다.

천재에게도 '근성'이 필요하다

심리학자 앤절라 더크워스(Angela Duckworth)는 『그릿(Grit)』에서 이렇게 말한다.

최고의 성취를 이뤄 내는 사람은 가장 재능 있는 사람이 아니라
열정을 오랫동안 유지하며 끝까지 해내는 사람이다.

더크워스의 연구는 예술, 과학, 체육 등 다양한 분야에서 성공의 핵심이 끈기와 회복 탄력성, 반복에 대한 태도라는 사실을 보여 준다.

모차르트는 단지 '음악을 잘했던 소년'이 아니었다. 음악적 감각을 훈련을 통해 언어로 체계화하고 작품으로 지속적으로 확장해 나간 **예술가적 근성**을 지닌 인물이었다. 어린 시절 모차르트는 '잘하는 아이'가 아니라 '끝까지 하는 아이'였다.

천재는 빨리 출발하는 사람이 아니라
출발 이후의 긴 여정을 견디고 완성하는 사람이다.

그 여정을 가능하게 하는 것은
기술보다 태도, 재능보다 반복, 흥미보다 끈기다.

모차르트의 여행은 공부였다

모차르트의 어린 시절은 '유럽 순회 공연'의 연속이었다. 여섯 살부터 열다섯 살까지 모차르트는 아버지 레오폴트와 함께 독일, 프랑스, 이탈리아, 영국 등을 돌며 수많은 궁정과 도시에서 연주했다. 궁정 연주회, 살롱 음악회, 교회 예배, 극장 무대까지. 모차르트의 음악 인생은 시작부터 국제적이었다.

모차르트의 여행은 하나의 총체적인 예술 교육 과정이자 모차르트가 세상과 예술을 배운 '움직이는 학교'였다.

'신동'의 공연이자, 예술가의 수련기

모차르트는 여행지마다 다른 악기의 소리를 들었고 여러 작곡가들의 작품을 접했다. 이렇게 다양한 언어와 리듬, 감수성과 형식을 몸으로 익혔다. 파리에서는 새로운 교향곡 형식을 접했고, 이탈리아에서는 벨칸토 오페라의 서정성과 극적 구조를 배웠다. 런던에서는 바흐의 아들 요한 크리스티안 바흐에게서 대위법과 하프시코드 연주법을 직접 전수받았고, 빈에서는 황제 앞에서 실내악을 연주하며 왕실의 취향과 감각을 체득했다.

모차르트의 감각은 여행을 통해 정제되었고
음악 언어는 여행의 여정에서 다채롭게 확장되었다.

유럽 귀족의 '그랜드 투어', 모차르트의 여정

당시 유럽 귀족 청년들 사이에는 고전 유적지와 문화 도시를 견학하는 '그랜드 투어(Grand Tour)' 전통이 있었다. 이 교육적 여행은 단지 휴양이 아니라 예술, 언어, 예절 등을 익히는 문화 교육의 과정이었다.

모차르트의 여행은 연주자이자 작곡가로서의 활동이었고 동시에 문화적 관찰자이자 학습자로서의 여정이었다. 모차르트는 연주만 한 게 아니라 새로운 양식을 분석하고 오페라 구조를 익히며 당시 문화를 학습했다. 수없이 많은 공연과 리허설을 통해 자신의 감각을 다듬고 표현 방식을 확장해 나갔다.

모차르트의 모든 일정은 아버지 레오폴트가 철저히 계획한 학습 경로에 따라 진행됐다. 아들이 어떤 음악가를 만나고 어떤 작품을 들을 것이며, 어떤 무대에 서고 어떤 사람들과 교류할지를 하나하나 설계한 **이동식 예술 교육 커리큘럼**이었다.

모차르트는 '유럽 전체'로부터 배웠다

모차르트의 음악은 독일의 구조감, 이탈리아의 선율미, 프랑스의 형식미, 영국의 장중한 화성 어법이 자연스럽게 혼합되어 유럽 전체의 종합성과 보편성을 지닌다. 재능은 세상을 경험하면서 훈련되었고 그 결과 종합적인 음악이 탄생했다. 오늘날 우리는 해외 연수를 특별한 경험이라 여기지만 모차르트에게 그것은 일상이자 수업이었다.

모차르트의 여행은 끊임없는 관찰과 훈련이 이루어진 장거리 학습이었다. 여행을 하며 세계를 익혔다. 그 세계는 내면으로 들어와 모차르트만의 음악 언어로 다시 태어났다.

지속되지 못한 천재

역사에는 모차르트만큼이나 어린 시절부터 주목받았던 음악가들이 많다. 펠릭스 멘델스존은 열다섯 살에 교향곡을 작곡했고, 카미유 생상스는 다섯 살에 작곡을 시작하여 열 살 무렵에는 모차르트 협주곡 전곡을 암보로 연주했다. 그들은 '어린 천재'에 머물지 않았다. 성인이 되어서도 예술가로서 지속적인 창작 활동을 이어가며 자신만의 음악 세계를 확장했다. 하지만 그들과 같은 주목을 받았던 많은 신동들은 사춘기를 넘기지 못하고 세상에서 사라졌다.

어떤 이는 음악을 떠나 평범한 직업인으로 살아갔다.
어떤 이는 압박과 비교 속에서 음악 자체를 거부했다.

천재는 왜 지속되지 못하는가?

우리는 질문하게 된다.
왜 어떤 천재는 사라지고, 어떤 천재는 살아남았을까?

이것은 단지 한 개인의 재능에 대한 질문이 아니다. 천부적인 재능을 어떻게 키우고, 어떤 조건 속에서 지속할 수 있었는가에 대한 질문이다. 이 질문에 다음과 같이 답변할 수 있다.

첫째, **시대의 요구에 응답하지 않으면 천재는 설 자리를 잃는다.**
모차르트는 오페라와 기악 음악의 수요가 폭발하던 18세기 후반이라는 특수한 시기에 살았다. 모차르트의 음악은 시대가 원하는 감각과 형식에 정확히 맞아떨어졌다. 하지만 어떤 신동들은 자신의 재능을 펼칠 무대가 부족했거나 변화하는 음악의 흐름과 어긋난 형식에 갇혀 있었다. 예술가는 시대의 언어를 말할 수 있어야 한다. 자신만의 감각을 넘어 사회적 요구와 문화적 흐름에 응답해야 한다.

둘째, 천재성은 시작보다 지속이 더 어렵다.

어린 시절의 재능은 일반적으로 부모의 열정, 집중적인 교육, 환경의 자극 등으로 발현된다. 그러나 청소년기를 지나면서 스스로 재능을 책임져야 하는 시기가 찾아온다. 어떤 동기를 가지고 어느 방향으로 나아갈지 이제는 스스로 결정해야 한다. 많은 신동들이 이 시점에서 멈춰선다. 그 재능과 함께 살아가야 할 이유와 목적을 상실하기 때문이다.

멘델스존은 문학과 회화, 철학과 정치에도 폭넓은 관심을 가졌다. 생상스는 과학과 천문학에 이르기까지 다양한 지적 호기심을 유지했다. 이들은 음악을 자신을 표현하고 세상과 대화하는 언어로 삼았다. 그래서 예술가로 살아남을 수 있었다.

셋째, 예술은 반복과 성찰 속에서 진화한다.

천재성을 지속시키기 위해서는 단지 기술만이 아니라 감정 조절, 집중력, 회복 탄력성과 같은 심리적 자원이 필요하다. 실패를 감당하는 힘, 끝없는 연습을 감당하는 인내, 의미를 잃지 않고 계속 쓰고, 연주하고, 표현하며 자신을 밀어붙이는 힘. 그러한 것들이 예술가의 생명을 연장시킨다.

모차르트는 성인이 되어서도 꾸준히 배우고 실험하며 자신을 넘어서려

했다. 오페라는 점점 더 복잡한 심리와 인간 내면을 담았고, 후반기 교향곡은 구조와 감정이 절묘하게 균형을 이루었다. 모차르트는 단지 빠른 사람이 아니었다. 깊이에 도달한 사람이었다.

천재란 빠른 출발선에 선 사람이 아니라 **끝까지 달리는 사람**이다. 그 여정을 지속하는 힘은 재능보다 그것을 대하는 태도에 달려 있다.

끝까지 가는 사람

천재는 언제나 놀라운 이야기로 시작된다. 모차르트가 다섯 살에 작곡을 시작했고 열 살에 오페라를 썼다는 이야기는 우리에게 경외감을 준다. 때로는 '나는 원래 그런 사람이 아니니까'라며 스스로를 변명하게 만든다. 하지만 이 강의의 끝에서 우리는 다른 질문에 도달한다.

타고난 재능만으로 충분한가?
재능은 어떻게 성장하고 유지되는가?

여태까지 살펴보았던 모차르트의 이야기로 어느 정도 이 질문에 대한 실마리를 찾을 수 있다. 모차르트의 천재성은 아버지의 교육, 시대의 수요, 끝없는 연습과 관찰, 그리고 무엇보다도 배움을 멈추지 않는 태도 위에 세워졌다.

지금 시대는 누구나 음악을 만들 수 있다. 작곡과 연주는 이제 특별한 영역이 아니다. 하지만 진짜 예술은 기술이 아닌 집중과 끈기, 접속이 아닌 지속과 몰입, 정보가 아닌 표현의 이유에서 출발한다.

오늘날의 천재는 단지 '빨리 시작한 사람'이 아니라
질문을 멈추지 않는 사람, 끝까지 **자신의 소리를 따라가는 사람**이다.

모차르트가 끝까지 천재적인 음악가로 남을 수 있었던 건 혼자만의 힘이 아니었다. 믿고 지켜봐 주는 시선, 기회와 기다림, "계속 해 봐"라고 말해 주는 단 한 사람이 있었기에 그 길은 끝나지 않을 수 있었다.

천부적 재능이 전부가 아니다.
지속하는 태도, 치열한 훈련이
천재를 만든다.

예술가에게 고통은
선물일까, 저주일까?

예술가에게 고통이 갖는 의미

'진정한 예술은 고통에서 나온다' 예술에 대한 오래된 믿음이다. 고흐는
귀를 자르고도 붓을 놓지 않았고, 슈만은 정신 질환에 시달리며 정신
병원에서 생을 마감했다. 베토벤은 청력을 잃은 후에도 불후의 걸작을
남겼다. 이렇게 고통을 겪은 예술가들의 이야기를 접하면 다음과 같이
생각하게 된다. '역시 예술가는 고통을 감내해야 위대해지는 존재구나.'

그렇다면 예술가는 반드시 고통받아야 하는가?

고통은 분명 예술에 **흔적**을 남긴다. 깊은 상실은 감정을 보다 섬세하게 만들고, 절망을 경험한 사람은 삶의 무게를 더욱 깊이 표현할 수 있다. 예술가가 겪은 고통은 단지 주제나 정서로만 드러나는 게 아니다. 작품의 구조와 긴장에도 영향을 미친다.

예를 들어 베토벤의 후기 현악 사중주에는 격렬한 정서뿐 아니라 음악 내부의 구조적 갈등이 극도로 치밀하게 얽혀 있다. 고통이 어떻게 형식과 질서 속에서 **싸우고, 견디고, 울리는지**를 보여 주는 예시다.

그러나 고통 자체가 반드시 예술을 만들어 주는 것은 아니다. 고통은 때로 사람을 침묵하게 만들고 감정을 마비시킨다. 누군가에겐 표현의 재료가 되지만 다른 누군가에겐 파괴의 불씨가 된다.

19세기 낭만주의는 고통의 의미를 지나치게 미화했다. 낭만주의 예술가는 이전 시대와 달리 궁정의 하인이나 교회의 봉사자가 아니었다. 세상과 단절된 고독한 천재 혹은 광기와 천재성 사이를 방황하는 예언자처럼 묘사되었다. 그들의 고통은 단순한 시련이 아니라 영혼의 깊이를 증명하는 일종의 훈장처럼 소비되었다.

하지만 우리는 예술가가 어떤 고통을 겪었는가가 아니라 **고통을 어떻게 다뤘는가**에 대한 질문을 던져야 한다. 고통을 견디고 붙들며 형식화해 낼 수 있는 사람이 진정한 예술가라고 할 수 있다. 베토벤은 그런 사람이었다. 청력을 잃고도 음악을 포기하지 않았던 그는 침묵 속에서 더 큰 울림을 만들어 냈다.

베토벤은 고통을 감추지 않았고 감정으로만 흘려보내지도 않았다. 대신 고통을 음악 안에 구조화하여 듣는 이에게 질문을 던졌다.

고통은 예술을 가능하게 하는가,
아니면 단지 표현이라는 가능성의 조건일 뿐인가?

ıllıl. 추천 음악

베토벤《피아노 소나타 제8번 '비창'》1악장

 젊은 베토벤의 격렬한 감정과 엄격한 형식이 공존하는 작품이다. 서주에서의 장중한 화음과 전개부의 긴박한 리듬은 고통이 감정 폭발에서 '형식 속에 구조화된 고뇌'로 변모하는 순간을 들려준다.

베토벤, 반항과 고립에서 생겨난 성품

음악에는 그것을 작곡한 예술가의 성격이 드러난다. 베토벤의 음악은 단단하고 직선적이다. 때로는 듣는 이조차 숨이 막힐 정도로 몰아붙이는 힘이 느껴진다. 베토벤의 곡에는 한 음도 쉽게 쓰지 않으려는 긴장감이 있다. 모든 음표가 무게를 지니고, 모든 전개가 치열하게 짜여져 있다. 그 치열함은 마치 삶을 극복하려는 몸부림처럼 보인다.

베토벤은 왜 이토록 치열한 음악을 썼을까?

그의 예술은 어디서부터 그렇게 단호해졌을까?

아버지에 대한 저항으로 시작된 성격

베토벤은 1770년, 독일 본에서 태어났다. 아버지 요한은 궁정 가수였고 아들의 음악적 재능을 일찍이 알아보았다. 그러나 베토벤의 아버지는 따뜻한 스승이 아니었다. 베토벤을 '제2의 모차르트'로 만들겠다는 욕망은 혹독한 훈련과 무리한 강요로 이어졌다. 밤늦게까지 연습을 시켰고 실수하면 심하게 꾸짖었으며 때로는 폭력도 감행했다. 어린 베토벤에게 음악은 즐거운 놀이나 기쁨이 아니었다. 그것은 '해야만 하는 일'이었으며 일종의 명령이었다.

이런 환경은 어린 베토벤의 성격을 형성했다. 베토벤은 점점 내성적으로 변했고 매우 예민해졌으며 누군가의 뜻에 따라 움직이기보다는 오로지 자신의 판단과 의지를 관철시키려는 기질이 강해졌다. 이러한 반항과 고립의 기질은 베토벤의 음악 속에서 단단한 성격으로 나타난다.

감정을 음악으로 표현한 사람

베토벤은 평생 주변 사람들과 자주 부딪혔다. 성격이 급하고 고집은 셌다. 베토벤은 감정을 쉽게 내비치지 않았지만 음악에서는 베토벤의 섬세한 감정이 정직하게 드러난다.

베토벤은 말로는 자신의 감정을 잘 표현하지 못했던 사람이다. 하지만 음악 안에서는 누구보다 명료하고 섬세하게 이야기했다. 베토벤에게 예술은 단지 창작의 수단이 아니었다. 자신을 드러내는 유일한 통로이 자 세상과 연결되는 방법이었다. 말로는 다 하지 못한 이야기, 이해받 지 못한 감정들이 음악 안에서는 살아 움직였다. 단단하고 단호한 형식 속에 깊고 격렬한 진심이 흐르고 있었다.

청력을 잃은 뒤, 더 깊어지는 내면

30대 초반부터 베토벤은 청력을 잃기 시작한다. 음악가에게 청각 능력 의 상실은 곧 생존의 위기와 직결된다. 베토벤 또한 점차 외부와의 소 통이 단절되었고 세상과의 거리는 더욱 멀어졌다.

그러나 베토벤은 무너지지 않았다. 오히려 더욱 정교하고 내면적인 음 악을 쓰기 시작했다. 귀로 들을 수 없게 되자 머릿속으로 소리를 기억 하고 떠올렸다. 음표 하나하나를 상상하며 소리를 쌓고 조율했다.

베토벤의 음악은 점점 더 깊은 내면을 향해 나아갔다. 청각은 닫혔지만 내면의 귀는 더욱 열렸다. 베토벤은 누구보다 외로운 사람이었지만 동 시에 누구보다 깊이 인간을 이해하고자 했던 사람이었다. 고립은 그를 무너지게 하지 않았다.

오히려 침묵 속에서 베토벤은 더욱 **단단한 울림**을 만들어 냈다.

하일리겐슈타트 유서, 절망과 선택

베토벤은 위대한 음악가였다. 베토벤의 삶의 중심에는 언제나 소리가 있었다. 그러나 30대 초반부터 베토벤은 청력을 잃기 시작한다. 서서히, 그러나 확실하게. 이것은 단순한 질병이 아니라 존재를 뒤흔드는 사건이었다. 음악가에게 소리가 사라진다는 사건은 화가가 시력을 잃는 일이고, 시인이 언어를 빼앗기는 일이다.

1802년, 베토벤은 오스트리아 빈 근교의 하일리겐슈타트라는 작은 마을로 요양을 떠나 '하일리겐슈타트 유서'라 불리는 하나의 문서를 남긴다. 문서의 내용은 마치 죽음을 앞둔 사람처럼 자신의 동생들에게 보내는 마지막 고백이자 유언 같았다.

베토벤은 편지에서 이렇게 썼다. "나는 병에 걸렸다. 회복의 희망도 없다. 죽음만이 탈출구처럼 보인다." 이 문장은 단순한 절망의 표현이 아니다. 그 안에는 음악가로서의 정체성과 인간으로서의 삶이 무너져 내리는 아주 깊은 고통이 담겨 있다. 베토벤에게 음악은 직업이 아니라 존재 방식이었기 때문이다.

베토벤은 실제로 죽음을 생각했다. 그러나 끝내 그는 죽지 않았다. 유서를 작성하고 펜을 놓는 대신 다시금 펜을 잡고 곡을 써내려 갔다. 이 순간은 베토벤의 인생에서 가장 중요한 전환점이 된다. 베토벤은 현실에서 도망치지 않았다. 고통을 정면으로 마주했고 그 안에서 다시 창작의 방향을 찾아 나섰다. 절망 속에서 음악을 포기하지 않았고 침묵을 음악으로 바꾸는 삶을 선택했다.

이때부터 작곡 방식도 변한다. 이전보다 절제되고 치밀해지며 한층 더 깊어진다. 베토벤은 이제 귀로 듣는 작곡가가 아니었다. 머릿속에서, 마음속에서, 기억 속에서 음악을 듣는 사람이 되었다.

하일리겐슈타트 유서는 단지 한 병든 음악가의 고백이 아니다. 예술가가 절망 앞에서 무엇을 선택할 수 있는가에 대한 선언문이다. 베토벤은 예술가가 고통을 넘어설 수 있다는 것을 음악으로 증명해 보였다.

࠸࠸࠸࠸ **추천 음악**

베토벤 《교향곡 제2번》

 하일리겐슈타트 유서와 같은 해에 작곡된 작품이다. 경쾌한 주제와 명료한 조성 속에 불협화음과 강한 악센트가 교차하며 삶에 대한 필사적 의지를 드러낸다. 고통을 숨긴 음악이 아니라 고통을 끌어안고 끝내 승화시킨 음악이다.

시간을 거스르는 창조력

예술가들은 시간이 흐를수록 안정된 방식에 익숙해지기 쉽다. 젊은 날의 실험성과 도전 정신은 점차 줄어들고 경험을 바탕으로 한 세련된 표현이 대신 자리 잡는다. 그것은 자연스러운 일이다. 몸의 기운은 점점 줄어들고 자신이 할 수 있는 일과 할 수 없는 일의 경계도 분명하게 알게 되기 때문이다.

그러나 베토벤은 흐름을 거슬렀다. 나이가 들수록 오히려 실험적인 경향이 짙어졌다. 청력을 완전히 잃은 후에도 이전보다 더욱 복잡하고 대담한 음악을 썼다. 시간은 베토벤을 무디게 하지 않았다. 오히려 한층 더 깊은 곳으로 데려갔다.

음악학자들은 베토벤의 창작 시기를 크게 세 시기로 나눈다. 이 구분은 단순히 시간의 흐름에 따라 나눈 게 아니다. 삶과 내면의 변화, 그리고 뚜렷하게 달라진 음악의 성격을 고려한 구분이다.

고전주의 안에서의 힘 – 초기

베토벤의 초기 작품은 하이든과 모차르트의 영향을 강하게 받았다. 고전적인 형식, 균형 잡힌 구조, 명확한 표현이 돋보인다. 그러나 그 안에서도 베토벤 특유의 강한 에너지가 느껴진다.

예를 들어 《피아노 소나타 제8번 '비창'》은 격렬한 감정이 표면에 드러나며 고전적 틀을 안에서부터 흔든다. 이 시기에 베토벤은 전통을 따르면서도 그 틀을 깨기 위한 준비를 하고 있었다.

영웅적 표현, 삶의 서사 – 중기

하일리겐슈타트 유서를 쓴 이후 베토벤의 음악은 눈에 띄게 달라진다. 이제 고통을 숨기지 않고 오히려 전면에 드러낸다. 고통을 어떻게 극복할 것이며 인간의 정신이 고통과 어떻게 싸우는지를 말하려고 한다.

《교향곡 제3번 '영웅'》은 변화의 상징이다. 처음부터 규모와 구조가 이전과 다르다. 마치 한 인간이 시련을 겪고 싸우며 나아가는 이야기처럼 들린다. 《교향곡 제5번 '운명'》은 네 개의 짧은 음으로 시작하여 운명을 두드리는 듯한 리듬과 강한 전개로 인간의 투쟁을 음악으로 들려준다.

이 시기 베토벤은 웅장하고 구조적이며 서사적인 음악을 썼다.
음악은 단순한 형식이 아니라 삶의 이야기가 되었다.

내면의 우주로 들어가다 – 후기

그러나 베토벤은 다시 한 번 달라진다. 후기 베토벤은 외부와 싸우는 대신 자신의 내면에 더욱 집중한다. 청력을 완전히 잃고 난 후 그의 음악은 더욱 고요하고 복잡해진다. 어떤 곡은 마치 명상처럼 흐른다.

《피아노 소나타 제30번》,《피아노 소나타 제31번》같은 후기 작품들은 형식의 경계를 허물고 조성의 안정성을 흔든다. 즉 소리보다 사유의 흐름에 가까운 구조를 가진다. 베토벤은 이제 들리는 음악이 아니라 시간을 넘어 침묵 안에서 흐르는 음악을 썼다.

베토벤은 늙은 예술가가 아니었다. 베토벤은 시간이 흐른다고 과거를 반복하지 않았다. 자신이 이미 했던 것을 되풀이하지 않았고 끊임없이 새로운 표현과 새로운 언어를 찾았다.

베토벤은 음악의 틀을 지키는 사람이 아니라 그 틀을 스스로 만들고 또 부순 사람이었다. 나이가 들수록 더 멀리 나아갔다. 그리고 베토벤의 음악은 지금까지도 시간 너머에서 들려오고 있다.

ılılı. 추천 음악

베토벤《교향곡 제3번 '영웅'》

 기존 교향곡보다 길고 대담한 구조를 지닌 작품이다. 강렬한 감정선이 전 악장을 관통한다. 첫 악장의 장대한 주제와 치밀한 발전부, 느린 2악장의 장송 행진곡은 혁명적 이상과 개인적 고통이 하나의 서사로 엮여 있음을 웅장하게 드러낸다.

열정은 어디서 오는가

베토벤의 음악을 듣고 있으면 한 가지 의문이 떠오른다.
'도대체 이 강렬한 힘은 어디에서 나오는 걸까?'

어떻게 그렇게까지 몰입할 수 있었을까? 단지 재능이 뛰어났기 때문만
은 아니다. 베토벤의 음악에는 단순한 감정 이상의 **절박한 에너지**가 있
다. 베토벤의 음악을 듣고 있으면 마치 모든 것을 쏟아내지 않고는 견
딜 수 없다는 듯한 긴박함이 느껴진다.

힘의 근원은 무엇이었을까? 베토벤의 열정은 단 하나의 이유에서 비롯
되지 않았다. 베토벤의 삶 전체에서 축적된 복합적인 에너지였다. 그
안에는 어린 시절의 상처, 사회에 대한 태도, 예술을 바라보는 방식, 그
리고 고통을 다루는 철학이 함께 녹아 있었다.

베토벤의 창작 에너지에는 여러 가지 요인이 작용했다.

고립과 감정의 집중 – 심리적 요인

베토벤은 어린 시절 아버지의 혹독한 훈련 아래 자랐다. 가족에게서 정
서적 안정감을 받지 못했고, 나이가 들어서도 깊은 고립 속에 머물렀
다. 감정은 밖으로 발산되지 않고 내면으로 모여들었다. 그리고 음악으
로 표현되었다.

베토벤은 감정을 쉽게 드러내는 사람이 아니었다. 감정은 오직 음악을 통해서만 정리되고 해소되었다. 베토벤에게 음악은 감정이 머문 유일한 장소였다.

자유에 대한 갈망 – 사회적 요인

베토벤은 귀족의 후원에만 의존하는 예술가로 머물지 않았다. 그는 스스로를 **자유로운 창작자**로 인식했다. 계약서에 '예술적 자율성'을 명시했고 후원자들과의 관계에서도 수직 관계가 아닌 수평 관계로 당당하게 대했다. 프랑스 혁명과 나폴레옹에게 초기에는 깊은 기대를 걸었고 '인간의 존엄'과 '정신의 자유'에 대한 확고한 신념을 가지고 있었다.

베토벤의 음악은 개인의 내면을 넘어
인류 보편의 이상과 연결되어 있다.

형식에 대한 집착 – 예술적 요인

베토벤은 감정을 쏟아내는 것으로 만족하지 않았다. 베토벤은 감정을 담아낼 형식을 만드는 일에 집착했다. 끊임없이 스케치하고 지우고 다시 쓰는 작업이 이어졌다. 베토벤은 감정을 정확하게 **구조화**하며 감정을 음악으로 바꾸는 방식에 엄청난 열정과 집요함을 보였다.

그래서 베토벤의 음악은 감정적이면서도 논리적이고
즉흥적인 듯하면서도 치밀하다.

고통을 의미로 바꾸는 힘 – 철학적 요인

베토벤은 고통을 겪지 않은 사람이 아니었다. 누구보다 깊은 고통과 상실을 경험했다. 청력의 상실, 가족의 부재, 인간관계의 단절 등 갑작스럽게 닥쳐 오는 불행에도 베토벤은 무너지지 않았다. 고통을 회피하거나 미화하지도 않았다. 오히려 고통을 붙잡고 그것으로 음악의 구조를 만들어 냈다.

베토벤에게 음악은 **삶을 이해하려는 하나의 방식**이었다.
그래서 베토벤의 음악은 감정을 넘어 존재에 대한 질문을 던진다.

결국, 열정은 어디에서 오는가?

베토벤의 음악에는 삶을 예술로 이해하려는 의지와 자신의 세계를 음악으로 설명하려는 절박함이 있었다. 청력을 잃고도 작곡을 멈추지 않았던 이유, 거대한 작품을 완성하고도 새로움을 계속 추구했던 이유가 거기에 있다. 베토벤의 열정은 결코 '기분'이 아니었다.

᠊᠊ᥣᥣᥣᥣ, **추천 음악**

베토벤《장엄 미사 D장조》

'키리에'의 간절한 기도에서 '도나 노비스 파첼'의 평화로운 종결까지 이어진다. 종교 형식 속에 인간의 본질과 고통, 그리고 구원에 대한 베토벤의 철학이 응축된 후기 작품이다.

고통에서 환희로

1824년, 베토벤은 자신의 마지막 교향곡을 완성했다. 청력을 잃은 지 오래였고 사람들과의 소통도 거의 끊긴 상태였다. 그럼에도 베토벤은 아주 혁신적인 대작을 세상에 내놓는다. 그것은 바로 《교향곡 제9번 '합창'》이다. 이 곡은 단지 위대한 음악적 성취를 넘어선다. 베토벤은 이 교향곡에 삶에 대한 믿음과 인간 정신의 가능성을 담고자 했다. 이 곡에는 고통과 절망을 지나온 사람만이 말할 수 있는 환희, 연대, 존엄에 대한 이야기가 담겨 있다.

이 음악은 작곡가로서의 작품이자 인간으로서의 선언이었다.

새로운 형식, 새로운 질문

《교향곡 제9번 '합창'》에서 베토벤은 당시의 관행을 넘어선 실험을 감행한다. 마지막 악장에 '합창'을 도입한 것이다. 관현악으로만 이루어지던 교향곡에 인간의 목소리가 더해진 것은 전례 없는 일이었다. 베토벤이 선택한 구절은 프리드리히 실러의 시 『환희에 부쳐(An die Freude)』였다. "모든 인간은 형제가 되리라"라는 구절은 실러가 평생 지켜온 자유와 연대, 보편적 인간애의 상징이었다.

이 곡은 단지 새로운 형식을 제시한 것이 아니라
음악이 말할 수 있는 세계의 경계를 확장한 사건이었다.

듣지 못한 작곡가가 만든, 가장 울리는 음악

1824년 5월 7일, 빈 케른트너토어 극장에서 《교향곡 제9번 '합창'》이 초연되었다. 무대 위에는 청력을 잃은 베토벤이 서 있었다. 그러나 실제 지휘는 극장 지휘자 미하엘 움라우프가 맡았다. 움라우프는 연주자들에게 이렇게 지시했다. "무대 위의 베토벤이 무엇을 하든 나의 지시에만 따르라."

그럼에도 베토벤은 무대에 올랐다. 단순한 전통 때문이 아니었다. 베토벤은 이 작품이 자신의 마지막 교향곡이며 자신의 철학과 믿음을 담은 유작임을 알고 있었다. 무대에 선 베토벤의 모습은 지휘자라기보다 음악과 삶의 증인에 가까웠다.

연주가 끝나고 객석은 환호와 박수로 가득 찼다. 물론 베토벤은 그 소리를 듣지 못했다. 베토벤은 여전히 관현악단을 향해 객석에 등을 돌린 채 서 있었다. 이때 한 소프라노 가수가 베토벤을 조용히 관객 쪽으로 돌려세웠다. 그제야 베토벤은 눈으로 환호를 확인했다. 그리고 기립박수를 보내는 청중을 향해 조용히 고개를 숙였다.

베토벤은 들을 수 없었지만
그 누구보다 음악을 강하게 믿었던 사람이다.

베토벤에게 음악은 삶에 대한 믿음과 응답의 방식이었다.

환희는 어디서 오는가?

《교향곡 제9번 '합창'》은 고통을 잊게 만드는 음악이 아니다. 이 곡은 고통을 통과한 사람이 마침내 환희를 노래할 수 있다는 사실을 보여 준다. 환희란 단순한 기쁨이 아니라 슬픔을 알고 있는 사람이 **선택하는** 삶의 태도일지도 모른다. 베토벤은 환희를 음악으로 표현했다. 이 위대한 교향곡은 지금도 우리에게 질문을 던진다.

고통을 환희로 바꾼다는 것은 도대체 어떤 종류의 인간 정신인가?

ılılı. 추천 음악

베토벤 《교향곡 제9번 '합창'》 4악장

 "모든 인간은 형제가 되리라." 장엄한 서주를 지나 '환희에 노래'의 합창이 폭발하는 순간, 음악은 고통을 넘어선 환희가 되고 삶을 향한 마지막 고백처럼 울린다.

예술의 재료가 아니라, 표현의 가능성

베토벤의 삶은 자주 '고통을 이겨낸 예술가'의 상징처럼 이야기된다. 청력을 잃고도 작곡을 멈추지 않았던 사람. 깊은 절망 속에서 위대한 음악을 만든 인물. 그래서 사람들은 '예술은 고통에서 태어난다'고 말하곤 한다. 하지만 이 말은 절반만 맞다. 고통은 예술을 가능하게 하는 조건이 아니다. 누구에게나 찾아오는 고통은 그 자체로는 예술이 되지 않는다.

누군가는 고통 앞에서 침묵하고
누군가는 그 고통을 표현할 새로운 언어를 찾아 낸다.
예술은 바로 그 **선택의 결과**다.

베토벤은 단지 괴로움을 삼키거나 토해 낸 사람이 아니었다. 고통의 감정을 어떻게 음악으로 말할 수 있을지를 끊임없이 고민한 사람이었다. 베토벤에게 음악은 형식을 통해 세상을 이해하려는 방식이었다.

견디는 법을 음악으로 만들었고
말할 수 없는 것을 끝내 말하려 했다.

그것이 곧 작곡이었고, 믿음이었다.

누군가는 고통을 견디고
누군가는 고통을 노래한다.
고통을 담은 음악에는 깊은 울림이 있다.

예술은 권력에
타협할 수 있을까?

권력 앞에 선 음악가들

음악은 자유의 예술이다. 말로 다 할 수 없는 감정과 기억, 꿈과 고통을
소리로 말한다. 음악은 인간 내면에 있는 가장 깊은 진실을 울리는 언
어이며 누구도 검열할 수 없는 예술이다. 그러나 음악을 만든 '사람', 즉
예술가는 그만큼 자유롭지 못했다. 특히 정치 권력이 지배하는 시대에
예술가는 언제나 선택을 강요받았다. **협력하거나, 침묵하거나, 혹은 사
라지거나.**

우리는 종종 위대한 예술가를 권력에 굴하지 않은 영웅으로 기억한다.
그러나 현실은 훨씬 복잡하다. 예술가도 살아야 했고, 가족을 돌볼 책임이 있었다. 예술가라면 누구나 자신의 음악이 연주되고 출판되길 바랄 것이다. 하지만 어떤 이는 침묵 속에 의미를 숨겼고, 어떤 이는 겉으로 충성을 표하며 속으로 저항했다. 누군가는 살아남기 위해 손을 들었고, 누군가는 끝까지 손을 들지 않았다.

우리는 그들을 섣불리 비판하기 전에 그들이 예술가로서 어떤 윤리적 경계에 서 있었는지를 먼저 물어야 한다. 예술은 자유를 말하지만, 예술에서의 자유는 도덕적 책임에서 벗어날 수 있는가? 음악은 시대를 넘어 살아남지만 음악을 만든 사람의 침묵과 선택, 갈등과 타협 또한 예술만큼 오래 남는다.

이 강에서는 예술가의 도덕적 책임에 대한 질문들을 되짚어 보며 정치 권력 앞에 놓인 몇몇 음악가들의 삶과 음악을 다시금 들여다본다.

그들이 겪어야 했던 시대,
그들이 선택했던 방식,
그리고 그 결과로 남겨진 음악.

예술이 도피가 아닌 언어가 되었던 순간이 있었다. 우리는 예술가들의 침묵과 흔들림을 판단이 아닌 성찰의 시선으로 바라보고자 한다.

쇼스타코비치의 '이중 언어'

드미트리 쇼스타코비치(Dmitri Shostakovich)는 20세기 소련 음악의 자존심이자 공포로부터 살아남은 예술가의 상징이다. 쇼스타코비치는 스탈린 치하의 혹독한 억압과 검열에도 작곡을 멈추지 않았다. 쇼스타코비치의 음악은 체제의 감시를 피해 가면서도 그 안에 은유와 암시, 때로는 비명에 가까운 진실을 숨겨 놓았다.

1936년, 오페라 《므첸스크의 맥베스 부인》은 스탈린이 직접 관람한 뒤 미움을 샀다. 며칠 뒤 소련 기관지 《프라우다》에는 '혼란 대신 음악을'이라는 제목의 익명 사설이 실렸다. 이 한 줄은 쇼스타코비치에게 예술가로서의 사형 선고와도 같았다. 그날 이후 쇼스타코비치는 언제 체포될지 모르는 공포 속에 잠들었다.

이미 완성해 두었던 《교향곡 제4번》은 발표할 수 없었다. 대신 체제에 복종하는 듯한 작품을 준비했다. 그렇게 탄생한 곡이 《교향곡 제5번 d단조》이다. 쇼스타코비치는 이 작품을 '한 음악가가 비판에 실천적으로 응답한 결과'라고 설명했다.

표면적으로는 완전한 복종처럼 보였다. 하지만 이 곡의 마지막 악장을 듣는 순간 이야기는 달라진다. 장중한 종결부는 지나치게 반복되고 승리의 선율은 강박적으로 밀어붙인다. 어느 지휘자는 이렇게 말했다.

이건 기뻐하는 음악이 아니다.

누군가 총을 들고 '웃어라' 하고 명령하는 소리처럼 들린다.

쇼스타코비치의 음악은 **'이중 언어'**로 말한다.

밖으로는 충성, 안으로는 절규.

체제의 외피를 입은 채 그 안에 두려움과 분노, 비판과 고통을 숨겼다. 침묵은 복종이 아니라 전략이었다. 음악에는 조용한 저항이 스며들었다. 쇼스타코비치는 공산당에 입당했고 공식 석상에서 충성 발언도 서슴지 않았다. 하지만 그의 음악은 그렇게 단순하지 않았다.

《현악 8중주 c단조, Op. 110》에서 자신의 이름을 음악 안에 숨겼다. 독일 음명법으로 D-Es-C-H (레-미♭-도-시) 네 개의 음을 구성했다. 'DSCH'는 'Dmitri SCHostakowitsch'의 서명을 음악으로 만든 것이다. 쇼스타코비치는 이 음의 구성을 고통과 정체성의 표현으로 삼아 여러 작품에서 반복했다. 《교향곡 제10번》, 《피아노 삼중주 제2번》, 《첼로 협주곡》 등에서도 DSCH는 숨겨진 자서전적 신호로 등장한다.

쇼스타코비치는 말할 수 없을 때 자신의 이름을 소리로 울렸다. 그것은 자신이 살아 있음을 증명하는 비명이자 듣는 사람만이 알아들을 수 있는 숨겨진 저항의 언어였다. 우리는 쇼스타코비치를 어떻게 보아야 할까? 그는 체제에 협력한 작곡가였는가, 아니면 음악 속에 저항을 감춘 시대의 증인이었는가?

그에 대한 평가는 지금도 분분하다. 그러나 한 가지는 분명하다. 쇼스타코비치는 **말하지 않음으로써** 더 많은 것을 말한 작곡가였다. 그의 침묵은 비겁함이 아니었다. 살아 있는 예술가로 남기 위한 마지막 수단이었다.

리하르트 슈트라우스의 타협과 양심

1933년 히틀러가 독일 정권을 잡은 직후 나치는 예술계를 장악하기 위해 '제국음악국(Reichsmusikkammer)'이라는 조직을 신설했다. 이 기관은 모든 음악가의 활동을 통제하고 유대인을 비롯한 '비(非)아리아계' 음악가들을 축출하며 나치의 이념에 부합하는 음악만을 허용하는 사상과 미학의 검열 중심 기관이었다.

나치는 이 기관의 초대 회장직을 예술계의 권위 있는 인물에게 맡기고자 했다. 처음에는 지휘자 빌헬름 푸르트벵글러에게 제안했으나 그는 거절했고, 또 다른 유력 인사였던 브루노 발터는 유대계라는 이유로 망명을 선택할 수밖에 없었다.

결국 그 자리에 오른 인물은 리하르트 슈트라우스(Richard Strauss)였다.

슈트라우스는 당시 《차라투스트라는 이렇게 말했다》, 《영웅의 생애》, 《살로메》 등의 위대한 작품으로 독일 낭만주의의 마지막 거장으로 불리던 인물이었다. 그는 왜 이 제안을 수락했을까?

표면적으로 슈트라우스는 '정치에는 관심이 없었다'고 해명했다. 예술의 순수성을 지키기 위한 현실적인 선택이었다고도 말했다.

그러나 그 배경에는 보다 복잡한 사정이 있었다. 슈트라우스의 며느리는 유대인이었고 손자들 역시 유대계 혈통을 이어받았다. 슈트라우스는 가족을 보호하기 위해 체제와 어느 정도 타협할 수밖에 없었다. 또한 자신이 예술과 권력 사이의 균형을 잡을 수 있다고 믿었는지도 모른다. 그러나 결과적으로 슈트라우스는 나치 체제의 문화 상징이 되었고, 그의 이름은 유대인 배제 정책을 정당화하는 도구로 이용되었다.

회장직에 오른 직후 슈트라우스는 유대계 음악가들이 축출되는 과정을 직접 목격했다. 또한 유대인 작가 슈테판 츠바이크(Stefan Zweig)와 함께 만든 오페라 《조용한 여인(Die schweigsame Frau)》에서 츠바이크의 이름이 포스터와 프로그램에서 삭제되었다는 사실을 알고도 슈트라우스는 이를 공개적으로 반대하지 않았다. 이후 슈트라우스가 히틀러를 비판한 사적인 편지가 발각되면서 곧 회장직에서 해임되었다. 하지만 그 이전까지 그는 침묵했고 **침묵으로 협력했다.**

슈트라우스는 나치당원은 아니었고 전후 전범 재판에서도 무죄 판정을 받았다. 그러나 유대인 탄압에 대한 침묵과 나치 제국음악국 회장으로서의 상징적 역할은 그를 정치 성향을 품은 음악가로 만들었다. 그렇게 슈트라우스는 소극적 동조자 혹은 의도하지 않은 체제 협력자가 되었다.

말하지 않은 것도 때로는 말한 것만큼의 무게를 가진다. 슈트라우스의 침묵은 정권의 명분이 되었고 슈트라우스는 평생 '나치에 협조한 예술가'라는 어두운 그림자를 지닌 채 살아가게 되었다.

전쟁이 끝난 후 슈트라우스는 음악으로 말하기 시작했다. 〈메타모르포젠〉(1945)은 그가 남긴 후기 작품 중 하나다. 이 작품은 제2차 세계 대전의 폐허와 문명의 붕괴를 애도하는 비극적인 서사시처럼 들린다.

빈 국립 오페라 극장이 폭격으로 무너졌다는 소식은 단지 한 건물의 붕괴만을 의미하지 않았다. 빈은 베토벤과 모차르트, 슈베르트의 도시였고 그 사건은 '음악의 이상'이 무너진 상징이었다. 그러나 슈트라우스는 무너진 건물보다 **침묵으로 인해 무너진 윤리**를 더욱 깊이 마주했다.

우리는 슈트라우스를 어떻게 보아야 할까?
그는 독재 체제에 협력한 예술가였을까,
아니면 균형을 지키려다 침묵을 선택한 한 사람이었을까?

예술가는 말하지 않을 자유가 있다.

하지만 예술가의 침묵이 누군가의 고통 위에 놓여 있다면

우리는 **침묵조차 물어야 한다.**

안익태와 한국 근현대사의 그림자

안익태(1906-1965)는 한국 음악사에서 누구보다도 복잡한 얼굴을 가진 인물이다. 안익태는 오늘날 '애국가'의 작곡자로 기억된다. 한때는 세계 무대에서 활약한 동양인 지휘자로서 한국인의 자긍심이기도 했다. 그러나 일제 강점기 일본 제국의 문화 행사에 참여했고 전범 국가의 공식 음악제에서 일본 대표로 지휘한 기록이 남아 있어 지금도 친일 논란의 중심에 서 있다. 안익태의 삶은 예술가가 권력 앞에서 얼마나 복잡한 선택을 해야 했는지를 잘 보여 준다.

1935년, 안익태는 미국 신시내티 음악원 유학 중에 자작곡 〈Korean National Anthem〉을 작곡했고 악보를 만들어 외교관과 성직자를 통해 조국에 전달했다. 이는 곧 오늘날의 애국가가 된다. 당시 널리 사용되던 찬송가 멜로디 대신 민족의 정서와 서양 음악 형식을 결합한 새로운 국가 형태였다.

아직 조선은 일본의 식민지였고 '대한민국'은 존재하지 않던 시절이었

다. 그럼에도 안익태는 사라진 조국을 위해 노래를 만들었다. 안익태의 작품은 훗날 대한민국 정부 수립 이후 공식 국가(國歌)로 채택되었다. 이로써 안익태는 '국가를 만든 음악가'로 이름을 남겼다.

하지만 안익태의 국적은 일본이었다. 국제 무대에 서려면 일본 제국의 이름으로 활동할 수밖에 없었다. 1942년, 나치 독일·이탈리아·일본의 3국 동맹 음악제에서 안익태는 '일본 대표 지휘자'로 참가하여 리하르트 슈트라우스의 곡을 지휘했다. 같은 해 일본의 괴뢰국 만주국 건국 10주년 음악제에서도 지휘자로 나섰다. 이러한 행보는 단순한 문화 활동을 넘어 제국주의 선전의 일부로 기능했다.

안익태가 작곡한 일부 성악곡에서 일본 궁중 음악의 선율과 형식이 차용된 흔적이 발견된다는 연구도 있다. '황국의 음악인으로서의 책무'를 언급한 기록도 남겼다. 이러한 행적은 후대에 재조명되며 비판의 대상이 되기도 한다.

하지만 안익태의 삶을 단지 '친일'이라는 하나의 단어로 규정하기는 어렵다. 안익태가 활동하던 시대에 대한민국은 아직 존재하지 않았다. 조선인은 일본 국적으로 살아야 했다. 그에게 외국 무대에 설 수 있는 유일한 길은 '일본 국적의 동양인 음악가'로 살아가는 것이었다.

안익태는 스페인, 독일, 헝가리 등지에서 유럽 최고 수준의 오케스트라를 지휘했다. 거의 불가능했던 국제 음악계 진입 장벽을 실력으로 넘어서며 조선을 알린 최초의 음악가 중 한 명이었다.

안익태의 선택을 명확한 정치적 신념이라고 보기는 어렵다. 자신의 음악을 연주할 수 있는 무대와 생존을 찾아 떠돈 이방인의 선택이었을지도 모른다. 민족을 위해 음악을 헌신한 순간과 권력과 타협한 순간은 동시에 한 사람의 삶 안에 존재했다.

우리는 안익태를 애국자 또는 기회주의자로 쉽게 규정할 수 없다. 안익태는 조국을 위해 노래를 만들었다. 또한 권력에 이끌려 작곡하고 연주하기도 했다. 안익태의 음악과 삶은 한국 근현대사의 모순과 갈등을 품은 하나의 은유다. 나라를 잃은 음악가가 새로운 무대를 찾아 떠돌다 결국 권력과 손을 잡게 된 식민지 시대의 그림자이기도 하다.

예술가의 도덕은 그가 쓴 음악에만 있는 것이 아니다.
무엇을 선택했고, 어디서 말했고, 언제 침묵했는가.
그 모든 것이 **예술가의 윤리**다.

그리고 우리는 예술가의 윤리에 대한 섣부른 판단보다 먼저
갈등을 정직하게 기록하고 오래 바라볼 필요가 있다.

침묵과 저항 사이

예술가는 언제나 시대의 산물이다. 그렇다면 예술가가 만들어 내는 예술은 시대가 요구하는 도구여야 하는가, 시대를 초월하는 양심이어야 하는가? 20세기, 전체주의가 예술의 숨통을 죄던 시대에 어떤 이는 침묵했고, 어떤 이는 목소리를 냈다. 예술가의 선택들은 각자의 결단이었지만 이는 곧 예술이 권력과 어떻게 맞설 수 있는가를 보여 주는 표지이기도 했다.

침묵을 택한 첼리스트의 저항 – 파블로 카잘스

세계적인 첼리스트였던 파블로 카잘스(Pablo Casals, 1876-1973)는 1939년 프랑코 정권이 스페인 내전에서 승리하자 고국을 떠났다. 카잘스는 프랑코 정권이 존속하는 한 스페인은 물론 스페인 정권과 외교 관계를 맺은 어떤 나라에서도 연주하지 않겠다고 선언했다. 그의 침묵은 은둔이 아니었다. 자유를 향한 단호한 저항이었다.

자유가 없는 조국에는 나의 연주도 없다.

카잘스는 프랑스의 작은 마을 프라드(Prades)에 머물며 80대에 접어들 무렵 〈자유의 찬가(Hymn of the United Nations)〉를 작곡했다. 1971년, 카잘스는 유엔 총회에서 이 곡을 직접 연주했고 UN 평화 메달을 수상하며 이렇게 말했다.

나의 침묵은 음악보다 더 강한 메시지다.

음악으로 경계를 넘다 – 다니엘 바렌보임

다니엘 바렌보임(Daniel Barenboim, 1942-)은 이스라엘과 팔레스타인 두 시민권을 가진 예외적인 음악가다. 바렌보임은 팔레스타인 출신 문학자 에드워드 사이드와 함께 서동시집 오케스트라(West-Eastern Divan Orchestra)를 창단했다. 이스라엘, 팔레스타인, 아랍권 국가 출신의 젊은 음악가들을 한 무대에 세운 이 오케스트라는 '함께 연주할 수 있다면 함께 살아갈 수도 있다'는 신념 아래 시작되었다.

이스라엘에서 금기시되던 바그너의 음악을 연주하며 논란을 일으키기도 했지만 바렌보임에게 음악은 무엇보다 강력한 평화의 언어였다. 2008년, 바렌보임은 가자지구에 들어가 팔레스타인 어린이들과 평화 콘서트를 열었다. 그에게 음악은 분쟁과 적대를 넘어서는 공동체적 언어였다.

수용소에서 울려 퍼진 신앙과 인간성 – 올리비에 메시앙

프랑스 작곡가인 올리비에 메시앙(Olivier Messiaen, 1908-1992)은 제2차 세계 대전 중 독일군에게 포로로 붙잡혀 수용소에 수감되었다. 그는 수용소에서 만난 클라리넷, 바이올린, 첼로 연주자들과 함께 《시간의 종말을 위한 사중주(Quatuor Pour la fin du Temps)》(1941)를 작곡했다. 이 곡은 1941년 1월, 독일 포로 수용소 내에서 초연되었다. 그날의 연주는 단순한 음악회가 아니었다. 음악이 권력의 감시 아래서도 사라지지 않는 인간 존엄의 증언임을 보여 준 순간이었다.

예술과 권력의 위험한 동맹 – '88인의 선언'

1934년, 나치 정권이 언론과 예술계를 장악하던 시기에 독일 작가와 예술가 88명이 히틀러에게 충성을 맹세하는 공개 성명을 발표했다. 공식 명칭은 〈아돌프 히틀러에게 바치는 88인의 충성 서한〉이었는데 일부 비판자들은 이를 조롱하듯 '백색 서안(Weiße Blätter)'이라 불렀다.

이 선언은 '독일 예술은 아리아 민족의 정신을 반영해야 하며 나치 국가의 이상을 실현해야 한다'고 강조했다. 그에 따라 나치 정권은 '퇴폐 예술(Entartete Kunst)'이라는 낙인을 통해 자신들의 이념에 부합하지 않는 예술가들을 축출했다. 일부 음악가들은 이에 침묵이나 협력을 선택했지만 어떤 이들은 저항이나 망명을 선택했다.

작곡가 파울 힌데미트(Paul Hindemith)는 나치로부터 '퇴폐 예술가'로 낙인찍혀 독일을 떠났다. 지휘자 오토 클렘페러(Otto Klemperer)는 유대인이라는 이유로 활동이 중단되어 미국으로 망명했다. 극작가 베르톨트 브레히트(Bertolt Brecht)는 망명지에서 파시즘을 비판하는 작품을 꾸준히 발표했다. 브레히트는 이렇게 믿었다.

예술가의 침묵조차 시대에 대한 증언이 될 수 있다.

예술은 무엇으로부터 자유로워야 하는가?

예술은 언제나 자유를 말한다. 그러나 자유는 구체적인 시간과 장소, 그리고 인간의 선택 안에 놓여 있다. 역사는 묻는다. 예술은 무엇으로부터 자유로웠는가? 권력으로부터? 침묵을 강요하는 분위기로부터? 아니면, 예술가 자신의 양심과 타협하려는 유혹으로부터?

누군가는 떠났고, 누군가는 저항했고, 누군가는 협조했다.

침묵조차 언어가 되었고, 발표된 음악조차 침묵보다 약할 때가 있었다. 예술은 때로 진실을 감추는 장막이 되기도 하고 가장 정확한 고발이 되기도 한다. 그러나 우리는 예술이 자유를 말할 때 단지 '표현의 자유'만을 뜻하지 않는다는 것을 기억해야 한다.

그것은 스스로 책임질 수 있는 자유,
침묵을 선택하더라도 그 침묵의 무게를 견딜 수 있는 자유다.

진정한 예술은
언제나 자유를 향해 한걸음 내디딘다.

예술가의 삶과 작품은
별개로 봐야 할까?

예술은 삶과 분리될 수 있는가

어떤 예술은 우리를 울린다. 말로 설명할 수 없는 무언가가 마음속 깊은 곳을 흔들고 지나간다. 그럴 때 우리는 문득 이런 질문을 던진다. 이 감동은 어디서 온 것일까? 단지 아름다운 소리 때문일까, 아니면 그 소리를 만든 사람의 진심이 닿았기 때문일까?

예술은 창작자의 삶과 어떤 관계를 맺고 있는가?

이 질문은 단순한 취향이나 문화 비평을 넘어 예술의 본질을 묻는 오랜 철학적 논쟁의 중심에 서 있다.

고대 철학자 플라톤은 예술을 경계했다. 플라톤은 예술이 진리에서 멀어진 모방이며 감정을 자극하여 이성을 흐리게 만드는 위험한 활동이라고 보았다. 이상 국가에서는 시인과 예술가가 추방되어야 한다고 주장했다. 아름다움은 때로 해로울 수 있다는 플라톤의 판단은 지금도 예술의 사회적 영향력을 경계하는 논의에서 인용된다.

아리스토텔레스는 플라톤과 다른 입장을 취했다. 그는 인간이 비극을 통해 연민과 공포를 경험하고, 이를 통해 감정이 정화(Catharsis)된다고 보았다. 예술은 인간의 감정을 건드리고 성찰을 유도하며 삶을 더 깊이 이해하게 만드는 **인간적 행위**라고 믿었다.

중세의 예술이 신을 향했다면 르네상스의 예술은 인간을 바라보았다. 이후 예술은 단지 장식적인 개념을 넘어 창작자의 내면과 신념이 녹아든 세계관의 표현이 되었다. 예술은 손끝으로 만들어지는 게 아니다. 세계를 바라보는 눈에서 시작되고, 마음속에 움튼 감정이 형상을 얻는 것이다.

감동적인 예술 뒤에는 언제나 한 사람의 삶과 진심이 있다.
예술은 결국 표현이며, 표현은 존재의 흔적이다.

그렇기에 예술을 감상한다는 것은
작품을 넘어 **한 사람의 마음과 마주하는 일**일지도 모른다.

예술의 자율성과 분리론의 등장

그러나 어느 순간부터 예술은 스스로를 고립시켰다. 삶과 도덕, 감정과 공동체로부터 거리를 두고 그 자체로 완결된 세계가 되기를 원했다. 18세기 후반, 사람들은 예술을 무언가를 나타내는 수단으로 보지 않았다. 아름다움은 인간을 교화하는 도구가 아니라 그 자체로 자율적 가치를 지닌 목적으로 이해되었다.

이러한 관점은 예술가의 삶과 작품을 분리시키는 기반이 되었다. 낭만주의는 이러한 관점의 전환을 더욱 극적으로 밀어붙였다. 예술가는 신의 영감을 받은 특별한 존재로 격상되었고, 예술가의 작품은 일상의 논리나 도덕과는 동떨어진 불가해한 창조의 산물로 여겨졌다.

20세기 초, 이러한 흐름은 '형식주의 미학'이라고 불리며 이론적으로 정립되었다. 영국 미학자 클라이브 벨(Clive Bell)은 '중요한 형식

(Significant Form)이 감동을 일으킨다'고 말하며 작품의 미학적 가치는 작가의 삶이나 시대 맥락이 아닌 형태 자체에 있다고 주장했다.

문학에서도 변화가 일어났다. 롤랑 바르트(Roland Barthes)는 『저자의 죽음』에서 '텍스트는 작가의 의도를 따르지 않는다'고 선언했다. 독자는 작가가 누구인지, 어떤 삶을 살았는지를 모르고도 작품 안에서 스스로 의미를 구성할 수 있다는 뜻이다.

이러한 흐름 속에서 예술은 점점 더 자율성을 얻었다.
삶과의 연결이 끊어지고 독립된 존재로 해석되었다.
삶은 사라지고 형식만이 남았다.

하지만 정말 예술이 삶과 분리될 수 있을까?

예술은 언제나 감정을 담는다. 예술에 담긴 감정은 그것이 기쁨이든 분노든 연민이든 공허한 아름다움이 아니라 누군가의 고백과 흔적이다. 우리는 단지 선율이나 색채의 조화에 감동하는 게 아니다. 그 안에 담긴 삶의 정서와 세계관, 그리고 말하지 않은 내면을 느끼기에 감동하는 것이다.

예술은 자율성을 가질 수 있나. 그러니 삶과 완전히 분리될 수는 없다. 형식은 물론 살아 움직이지만 형식에는 그것을 만든 정신과 감정도 함께 숨 쉬고 있기 때문이다.

바그너와 베르디의 세계관

예술은 삶과 분리될 수 있는가?

이 오래된 질문에 또렷한 대답을 건네는 두 사람이 있다. 19세기, 같은 시대를 살았던 두 작곡가 리하르트 바그너와 주세페 베르디다. 두 사람 모두 인간의 삶을 음악으로 말했지만 각자의 오페라가 향하는 방향은 전혀 달랐다.

바그너의 음악은 신화를 향했고, 베르디의 음악은 인간을 향했다.

예술로 세계를 설계하려 한 사상가 – 바그너

바그너에게 음악은 단순한 감정 표현이 아니었다. 바그너는 예술이 철학이 되기를 원했고, 음악을 통해 민족의 신화와 사상을 재건하고자 했다. 바그너는 고대 게르만 전설과 북유럽 신화를 쇼펜하우어와 헤겔의 철학과 결합하여 '총체 예술(Gesamtkunstwerk)'이라는 독자적 미학 개념을 만들어 냈다. 음악, 문학, 미술, 연극이 하나로 결합된 이 거대한 개념은 그의 대표작인《니벨룽의 반지》에 집약되어 있다.

바그너는 '라이트모티프(Leitmotiv)'라는 기법을 통해 인물이나 감정을 상징하는 짧은 선율을 반복하며 오페라 전체에 개념적 일관성과 상징적 깊이를 부여했다. 무대는 웅장했고 서사는 철학적이었다. 오케스트라는 단순한 반주자가 아니라 **사상을 연주하는 주체**였다. 줄거리보다 상징이 중요했고 감정보다 구조가 먼저였다.

바그너는 예술이 현실을 설명하는 언어가 아니라
현실을 다시 설계하는 언어가 되어야 한다고 믿었다.

사람의 목소리로 시대를 노래하다 – 베르디

반면 베르디는 예술이 사람의 마음을 울려야 한다고 믿었다. 베르디의 음악은 언제나 인간의 감정과 고통, 그리고 연민에서 출발했다.《리골레토》,《라 트라비아타》,《나부코》등 그의 오페라에는 약한 자, 소외된 자, 억눌린 자 들의 목소리가 담겨 있다. 선율은 기억에 남고 부르기 쉬우며 무대 위의 이야기와 감정은 민중의 삶과 직결되어 있다.

특히 《나부코》 중 〈히브리 노예들의 합창(Va, pensiero)〉은 망국의 설움을 노래한 유대인의 곡이지만 19세기 이탈리아 통일 운동(리소르지멘토) 시기에는 자유와 해방을 바라는 이탈리아인들의 상징이 되었다.

"Viva VERDI!"라는 구호는 단지 작곡가를 찬양하는 말이 아니었다. 'Viva VERDI'는 'Viva Vittorio Emanuele Re D'Italia'의 앞 글자를 딴 말이었는데 이는 '이탈리아의 왕 비토리오 에마누엘레 만세'라는 뜻이었다. 즉 이 구호는 정치적 암호로 기능했다.

베르디는 민중의 정서를 선율로 만들었고 예술로 시대를 설득하려 했다. 국회 의원으로 활동한 베르디는 늘 말보다 음악으로 말했다. 그리고 자신의 모든 정치적 의지와 신념을 오페라의 감정선 안에 녹여 냈다.

말년에 베르디는 은퇴한 음악가들을 위한 양로원 '카사 베르디(Casa Verdi)'를 설립했고 이곳을 '나의 최고의 작품'이라 불렀다. 그는 검소한 장례와 함께 모든 유산을 이웃과 공동체에 남겼다.

그의 삶은 무대 위의 열광이 아니라
작은 인간의 존엄과 현실적 연대 속에 놓여 있었다.

두 세계관의 충돌이 아닌 공존
바그너는 예술이 개념과 이상을 만드는 도구라고 믿었고,

베르디는 예술이 삶의 정서를 비추는 거울이라고 여겼다.

한 사람은 신화와 철학을 무대에 올렸고,
다른 한 사람은 현실과 감정을 노래했다.

예술은 작가의 세계관을 담는다. 그리고 그 세계관은 예술가가 무엇을
바라보며, 어떻게 살아왔는가에서 비롯된다. 음악은 단지 예술가의 삶
의 궤적만을 말하지 않는다. 예술가가 세상을 어떻게 이해했는지를 말
해 준다. 예술은 삶을 닮는다. 그리고 때로 삶보다 더욱 선명하게 진실
을 말한다.

ıllılı. 추천 음악

바그너 《니벨룽의 반지》 중 〈발퀴레의 기행〉

 전설과 신화, 민족 서사를 바탕으로 한 이 곡은 바그너의 사상적 세계
관을 강렬하게 상징한다. 인간이 아닌 신화적 존재가 이끄는 음악은
그의 예술이 감정보다 구조, 현실보다 이상에 닿아 있음을 보여 준다.

베르디 《나부코》 중 〈히브리 노예들의 합창〉

 억압받는 민중의 고통과 희망을 담은 이 합창곡은 베르디의 현실 참
여적 예술관을 대표한다. 정치적 저항의 상징이 된 이 노래는 예술
이 감정과 역사를 어떻게 연결할 수 있는지를 증명한다.

예술은 윤리로부터 자유로운가

우리는 음악을 들을 때 단지 소리만을 듣지 않는다. 음악을 만든 사람의 삶과 태도, 신념이 어딘가에서 소리 너머로 울려 온다. 그래서 우리는 다시 묻게 된다. 과연 예술은 윤리로부터 자유로울 수 있는가?

천재성과 배제의 이념 – 바그너

리하르트 바그너는 위대한 작곡가였다. 바그너의 음악은 혁신적인 형식과 웅장한 구성이 돋보인다. 철학과 예술을 결합하고 싶다는 야망은 바그너를 19세기 가장 영향력 있는 예술가로 만들었다. 그러나 바그너의 삶에는 수많은 논란이 뒤따른다. 금전적 무책임, 인간관계에서의 자기중심성도 있었지만 무엇보다 문제였던 것은 그의 사상이었다.

바그너는 1850년 발표한 글 『음악에서의 유대주의(Das Judenthum in der Musik)』에서 유대인은 '진정한 예술을 창조할 수 없는 민족'이라고 주장했다. 바그너는 유대인의 언어와 표현 방식이 게르만 정신이나 예술과 어울릴 수 없다고 보았다.

이는 단순한 시대의 편견 때문이 아니었다. 바그너의 예술 세계 안에 뿌리내린 배제의 논리였다. 바그너의 오페라 속 인물들과 상징 구조에도 이러한 시각이 일정 부분 반영되어 있다.

시간이 흘러 20세기, 히틀러는 바그너의 음악을 광적으로 숭배했다. 나치 독일은 바그너의 작품을 이념적 선전 도구로 삼았다. 바그너의 후손들도 한동안 나치와 가까운 입장을 유지했다.

물론 바그너가 직접 전체주의를 예견했거나 정치적으로 전체주의 체제를 기획한 건 아니었다. 그러나 바그너의 사상과 예술은 후대에 충분히 이념화될 수 있을 만큼 강력한 힘을 지니고 있었다. 바그너의 음악은 때로는 위험한 방향으로 사회를 설득할 수 있는 구조를 품고 있었다.

조용한 신념의 예술 - 베르디

반면 주세페 베르디의 삶은 상대적으로 조용했다. 그러나 그 침묵은 무관심이나 회피가 아니었다. 오히려 베르디는 예술을 통해 고통받는 이들과 소외된 자들의 목소리를 대변하고자 했다. 오페라는 인간의 나약함과 권력의 부조리를 이야기했다. 베르디의 음악은 선율로 시작하여 감정으로 도달하며 결국 연민에 닿았다.

베르디는 이탈리아 통일 운동의 한복판에서 〈히브리 노예들의 합창〉으로 민중의 열망을 위로했다. 또한 국회 의원이 되어서도 연단이 아닌 무대 위에서 시대와 소통했다. 예술가로서 부와 명예를 얻었지만 그것을 조용히 공동체에 되돌려주었다. 노년에는 은퇴한 음악가들을 위한 '카사 베르디'를 설립하며 예술의 책임을 삶의 방식으로 보여 주었다.

예술과 윤리, 갈라설 수 없는 질문

예술은 언제나 삶의 태도를 반영한다. 그리고 예술가의 삶의 궤적은 결국 그의 작품에 영향을 준다. 바그너의 예술은 철학과 형식의 총체성이었지만 그 안에는 타인과 윤리를 밀쳐 낸 고독한 독백이 있었다. 베르디의 예술은 선율과 감정의 연대였고 그 중심에는 공동체에 대한 응답이 있었다.

이는 단순히 '좋은 사람 vs 나쁜 사람'이라는 도식이 아니다.
중요한 것은 예술가가 삶에 어떤 태도를 품고 있었는가이다.
그리고 그 태도가 어떻게 우리에게 도달하는가에 주목해야 한다.

예술은 단지 아름다움만을 건네지 않는다.
그 안에는 가치가 있고, 태도가 있으며,
우리가 마주해야 할 윤리적 질문이 있다.

예술에는 표현의 자유가 있다. 그러나 동시에 예술은 공공의 자리에서 소비되는 언어이기도 하다. 우리는 예술가의 삶을 반드시 평가의 대상으로 삼을 필요는 없다. 그러나 동시에 완전히 무시할 수도 없다.

그 사이 어딘가에서 우리는 매번 선택의 기로에 놓인다.
어떤 예술에 마음을 여는가, 어떤 예술에는 망설이는가.
이 작은 선택들이 모여 예술과 윤리의 경계를 그려 나간다.

예술을 통해 무엇을 선택하는가

예술과 삶, 작품과 작가의 관계는 단지 철학자들만의 토론 주제가 아니다. 그것은 우리가 예술을 마주할 때마다 마음속에 조용히 떠오르는 현실 속의 질문이다. 아름다운 음악 앞에서 우리는 마음을 연다. 그러나 그 음악을 만든 사람이 윤리적으로 문제가 많은 인물이라는 사실을 알게 되었을 때 우리의 감동은 때때로 혼란스러움으로 바뀐다.

감동은 여전히 남아 있다. 하지만 감동을 계속 품어도 되는지 순간 망설이게 된다. 그때 우리는 선택의 문 앞에 선다.

작품만을 바라볼 것인가? 작가의 삶까지 함께 들여다볼 것인가?
작품은 언제나 그 자체로 순수한가? 혹은 윤리적 책임이 따르는가?

예술은 언제나 감정을 흔들고 삶의 의미를 묻고 가치를 생각하게 만든다. 그렇기에 우리는 단순히 감동을 소비하는 관객이 아니다. 작품을 해석하는 존재이자 해석을 통해 작품에 응답하는 존재다. 예술은 우리를 움직이고, 우리는 예술에 반응함으로써 자신의 태도와 신념을 선택한다.

바그너와 베르디, 두 위대한 작곡가는 같은 시대를 살았지만 우리는 그들을 같은 방식으로 기억하지 않는다. 그 차이는 단지 음악의 형식이나 기법 때문이 아니다. 그들의 예술이 품고 있던 **삶의 태도**와 **윤리의 무게** 때문이다.

어떤 예술은 시대를 넘어 계속해서 우리를 감동시킨다. 어떤 예술은 아무리 아름다워도 우리에게 거리감을 남긴다. 예술은 윤리로부터 완전히 자유로울 수 없고, 윤리가 예술을 완전히 지배해서도 안 된다. 그 사이의 미묘한 경계를 고민하는 일은 감상자의 몫이다.

어떤 작품은 작가의 삶과 분리하여 감상할 수 있다. 어떤 작품은 작가의 삶과 떼려야 뗄 수 없다. 그 구별은 결국 우리가 예술과 삶의 관계에 대해 어떤 믿음을 갖고 있는가에 달려 있다.

이 질문은 오늘날에도 여전히 유효하다. 로만 폴란스키, 우디 앨런, 마이클 잭슨 등 사생활 논란이 있거나 윤리적으로 문제가 있다고 여겨지는 예술가들의 작품을 우리는 어떻게 바라보아야 하는가?

작품과 작가를 분리해야 한다는 주장과 예술을 소비하는 것이 곧 그 삶을 용인하는 것이라는 주장. 두 입장이 충돌하는 오늘날의 문화 속에서 예술은 다시금 선택의 대상이자 책임의 주체가 된다.

우리는 예술을 감상할 때
무엇을 받아들이고, 무엇을 외면하고, 무엇을 선택하고 있는가?

이 질문은 곧 우리가 어떤 삶의 태도를 지니고 있는가에 대한 물음이며, 예술은 그 물음을 비추는 거울이 된다.

ıllılı 추천 음악

필립 글래스 〈열림(Opening)〉

 단순한 패턴의 반복과 점진적 전개 속에서 감정이 밀려온다. 이 곡은 청자가 어떻게 듣고 어떤 의미를 부여하느냐에 따라 전혀 다른 인상을 준다. "감상은 언제나 순수한가, 아니면 책임이 따르는가"라는 질문을 말이 아닌 소리로 되묻는다.

예술은 삶에서 태어난다.
예술 작품은 그것을 만든 사람의
진심을 담은 거울이다.

예술은
어떻게 삶을 지탱하는가?

음악을 멈추게 한 말 한마디

필자는 그동안 많은 학생들을 가르쳐 왔다. 그리고 그들 중 일부에게는 조심스럽지만 단호하게 말했다. "지금이라도 음악이 아닌 다른 길을 고민해 보는 게 좋겠다." 사실 이와 같은 말이 입에서 나올 때마다 마음 한쪽이 저려 왔다. 음악을 사랑하는 사람에게 그것을 그만두라는 말을 하는 일은 교사로서도, 음악가로서도 쉽지 않았다.

하지만 그 선택이 결국 그들의 삶을 지켜 줄 수 있으리라는 믿음만은 분명했다. 음악을 업으로 삼는 일이 얼마나 불안정한지, 얼마나 쉽게 생계의 벽에 부딪히는지를 누구보다 잘 알고 있었기 때문이다.

음악가로 살아가는 길은

무대 위의 찬란한 빛과는 달리,

무대 아래의 끊임없는 불안과 외로움으로 가득하다.

음악을 떠난 제자들은 대부분 경제적으로 꽤나 안정된 삶을 살고 있다.

반면 음악을 계속한 제자들은 여전히 치열하게 연습하고 소규모 무대

에 오르며 다음 달의 수입을 걱정한다.

지금도 종종 스스로에게 묻는다.

그 권유는 진심으로 학생을 위한 조언이었을까?

음악을 포기하라고 말했던 것을 후회하지 않아도 될까?

이 질문에 뚜렷한 답은 없다.

음악을 떠난 이들도, 음악에 남아 있는 이들도

삶에는 늘 그리움과 후회가 나란히 존재하기 때문이다.

예술은 무척이나 아름답지만 때로는 너무나 가혹하다. 그 사이에서 살
아간다는 것은 선택과 포기의 연속이다. 그리고 선택이 옳았는지를 우
리는 끝내 알 수 없다. 누군가에게 예술은 끝내 직업이 되지 못했다. 그
러나 그에게도 예술은 여전히 세상을 이해하고 자신을 견디며 살아가
게 하는 힘이 된다.

그렇다면 예술은 생계가 되지 않아도 한 사람의 삶을 지탱할 수 있는 걸까?

예술은 직업인가, 소명인가

예술은 직업일까, 아니면 소명일까? 예술을 가르치는 사람, 예술을 배우는 사람, 혹은 한때 예술을 꿈꾸었던 사람이라면 누구나 한 번쯤 이 질문을 진지하게 고민해 본 적이 있을 것이다.

한편으로 예술은 분명 '노동'이다. 시간을 들여 익히고 기술을 연마하며 끊임없는 연습 끝에 만들어 낸 결과물이 시장에서 거래되고 평가받는 구조다. 예술가는 고용 계약을 맺은 후 공연료를 책정받고 작업의 수익성을 따지며 살아간다. 즉 예술가도 '직업인'으로서 존재한다.

하지만 다른 한편에서는 예술을 '직업'이라 부르는 일이 어딘가 불편하게 느껴지기도 한다. 누군가는 말한다.
"정말 직업처럼 한다면 그건 더는 예술이 아니지 않을까?"
"내면에서 우러나오지 않는다면 그건 단지 상품일 뿐이죠."

이런 말들 속에는 예술이 단순한 생계 수단이나 평가의 대상이 아니라 **더욱 깊고 본질적인 감응**에서 비롯되는 행위라는 믿음이 담겨 있다. 예술은 돈이나 명예 이전에 무언가에 응답하려는 내적인 충동에서 시작된다고 믿는 것이다.

실제로 많은 예술가들은 직업으로서의 현실성과 소명으로서의 순수성 사이에서 끊임없이 자신을 조정하며 타협해 나간다. 낮에는 아이들을 가르치고 밤늦게야 비로소 자신만의 음악을 만들 수 있는 몇 시간을 붙잡고 작업하는 사람, 생계를 위한 연주와 자신을 위한 창작 사이에서 균형을 잃지 않기 위해 애쓰는 사람들.

한때는 예술을 직업의 틀에 가두지 않으려는 순수성이 부각될 때도 있었지만 오늘날 그러한 이상은 점점 설 자리를 잃고 있다. 예술을 직업으로 삼고 싶지만 현실이 그것을 허락하지 않는 경우도 많다. 현실과 이상이라는 양극단 사이에서 오늘도 예술가들은 자신의 예술을 지키며 살아간다.

어떤 이들은 이렇게 말한다.
"오히려 예술을 직업처럼 대하고 나서 더 자유로워졌어요."

'이건 일이다'라고 깔끔하게 생각을 정리하고 나니 예술로 먹고사는 일이 덜 두려워졌다는 것이다. 애매한 기대와 환상을 버리고 차라리 현실을 받아들인 후 꾸준히 작업하고 정산하며 살아간다. 그들에게 이러한 삶의 방식은 곧 **예술을 지키는 방식**이기도 하다.

예술은 어쩌면 직업이기도 하고 소명이기도 한 일인지 모른다.
둘 중 어느 하나로만 설명할 수 없는 이중성은
예술가라는 존재의 복잡성을 그대로 드러낸다.

그래서 예술가는 언제나
한 발은 시장에, 또 한 발은 자기 내면에 딛고 살아가는 사람이다.

버티는 예술의 시대

예술을 한다는 것은 숭고한 일이다. 그러나 그것만으로는 살아갈 수 없다. 이 명백한 진실은 예술을 전공한 학생들이 졸업 후 가장 먼저 마주하는 현실이다. 무대는 많지 않고, 무대에 설 수 있는 사람은 그보다 훨씬 적다. 설령 무대에 올랐다 하더라도 한 달을 버틸 만큼의 수입을 충족시키기 어렵다.

그래서 많은 이들이 음악을 이어가기 위해 다른 일을 병행하며 살아간다. 레슨, 학교 강사, 편곡, 행정, 심지어 예술과 전혀 무관한 분야에서의 파트타임 일까지. '프로젝트 기반 활동'이라는 말은 겉으로는 그럴듯하게 보이지만 오늘의 공연이 내일의 공연을 보장해 주지 않는 불확실한 삶이 반복된다. 이들의 직업은 종종 '프리랜서'라는 단어로 포장되지만 실제로는 고용과 복지 심지어는 안정도 보장되지 않는 불안정 노동으로 남는 경우가 훨씬 더 많다.

이들은 한 번쯤 스스로에게 묻게 된다.
"이렇게 일을 계속할 수 있을까?"
"나는 예술가인가, 아니면 그저 예술을 놓지 못하는 사람일 뿐인가?"

음악 대학을 졸업한 학생 중 상당수는 결국 음악과 거리를 두고 살아간
다. 누군가는 악기를 내려놓고 완전히 다른 직업으로 이직하고, 누군가
는 교단에 서서 새로운 역할을 찾아 간다. 또 누군가는 음향 편집이나
콘텐츠 제작처럼 무대 바깥에서 예술을 다르게 이어가기도 한다.

이제는 자신을 '예술가'라고 부르지 않는 사람들.
그러나 그들에게도 어느 날 아무도 없는 방 안에서 다시 피아노 앞에
앉을 순간이 기다리고 있을지도 모른다.

예술을 완전히 포기한 걸까? 아니면 잠시 내려놓은 걸까?
직업이 되지 못한 예술. 그러나 완전히 끊어 낼 수 없는 예술.
그 사이 어딘가에서 오늘날 많은 예술가들이 조용히
그러나 끈질기게 살아가고 있다.

이 시대의 예술은 성취한 사람의 이름으로 남기보다
버티는 사람의 이름으로 남는다.

예술은 경제로만 설명될 수 있는가

수익이 나지 않으면 예술은 실패한 것인가? 세상에 알려지지 않으면 그 작업은 의미 없는 것인가? 이 질문에 선뜻 "그렇다"라고 답할 사람은 많지 않다. 그러나 현실은 다르다. 우리는 예술을 끊임없이 수치로 평가한다. 공연장의 객석 점유율, 음반 판매량, 유튜브 조회 수, 지원 사업 선정 결과와 같은 숫자들이 언젠가부터 예술의 가치를 측정하는 기준이 되었다.

예술이 점점 '시장의 언어'로 해석되는 가운데 성과 없는 예술은 존재 이유를 잃어가는 듯 보인다. 자본주의 안에서 예술은 **증명되어야만 살아남을 수 있는 것**이 되었기 때문이다.

하지만 질문을 다시 던져 보자. 왜 사람들은 예술을 멈추지 못하는가? 수익이 되지 않고 실패를 반복해도 왜 어떤 사람들은 여전히 음악을 만들고 무대에 오르는가?

그 이유는 예술이 단지 '경제 활동'이 아니라
자기 존재를 표현하고 확인하는 방식이기 때문이다.

누군가에게 예술은 아무도 몰래 써 내려간 시 한 줄, 버스 안에서 홍얼거리는 작은 멜로디, 혼자 남은 연습실에서 자신만 아는 선율을 반복하는 시간이다. 무대가 아니거나 관객이 없어도 그 시간을 살아 내는 동안 그 사람은 자기만의 언어로 세상과 대화하고 있다. 물론 예술로 생계를 유지할 수 있다면 가장 이상적이다. 하지만 그것이 불가능하다고 해서 예술이 무의미하거나 가치 없는 것은 아니다.

예술은 종종 경제 바깥에서 더욱 선명하게 빛난다. 한 사람의 진실, 감정, 기억, 고통, 희망이 자신만의 형식으로 드러나는 순간이기 때문이다. 그래서 누군가는 오늘도 손에 쥘 수 없는 것을 위해 연습하고, 불확실한 세계를 살아 내며 노래한다.

예술은 무엇을 남기는가?

대단한 성과나 영광이 아니다. 예술은 세상이 잊은 자리에서 자기 자신을 지켜 낸 단단한 인내의 순간 하나를 남긴다.

예술로 살아간다는 것

누군가에게 예술은 결국 직업이 되지 않았다. 그러나 역설적으로 그것이 오히려 누군가의 삶을 조용히 떠받치는 **보이지 않는 힘**이 되었는지도 모른다. 우리는 바로 이 지점에서 예술로 살아간다는 것의 의미를 다시금 생각해 보게 된다.

누군가는 음악을 그만두고 교사가 되었다. 누군가는 영상 편집자가 되었고, 또 누군가는 전혀 다른 분야의 회사원으로 살아간다. 그들은 이제 무대에 서지 않고 작곡을 하지 않으며 연습실을 찾지 않는다.

그러나 그들의 말투와 몸짓, 사고방식, 그리고 문득 꺼내는 어떤 감정 속에는 예술가였던 시간의 흔적이 분명히 남아 있다. 예술을 완전히 떠난 사람은 많지 않다. 단지 무대를 떠났을 뿐이다. 그들은 각자의 방식으로 예술을 마음에 품고 살아간다.

그 방식은 더욱 조용하고, 작고, 사적인 언어일 수 있다. 하지만 어쩌면 그것이야말로 예술이 직업이 아닌 **삶의 방식으로 존재**한다는 증거인지도 모른다. 예술로 생계를 유지하지 못할 수도 있다. 그러나 그 예술이 어떤 사람을 구하고 해석하고 기억하게 했다면 그것은 결코 실패한 예술이 아니다.

예술은 반드시 성공해야만 하는 대상이 아니다.
예술은 무언가를 끝까지 놓고 싶지 않은 어떤 태도이자
자기 자신에게만은 진실하고 싶은 하나의 고백이다.

세상에 알려지지 않아도, 돈이 되지 않아도, 누군가에게 인정받지 못해도 자기 안에서만큼은 분명하게 울리는 무언가가 있다면 예술은 아직 살아 있다.

종종 어떤 제자에게 음악을 포기하라고 말했던 날을 떠올린다. 그 말이
그의 삶을 지켜 주었기를 바라고, 또 언젠가는 비록 다른 방식일지라도
그가 다시 음악과 만날 수 있기를 바란다.

그래서 우리는 여전히 묻는다.
예술로 먹고살 수는 없을지 몰라도, 예술로 살아갈 수도 없는가?
조심스럽지만 확신을 담아 말하고 싶다.

예술은 밥이 되지 않을 수 있다.
그러나 그 밥을 삼킬 수 있게 해 주는 것,
그것이 바로 예술이다.

예술은 삶을 버텨 내게 하는
가장 깊고 고요한 힘이다.

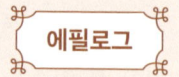
연주를
마치며

이 책은 하나의 교향곡처럼 감정에서 언어로, 다양성을 지나 삶의 본질로 이르는 여정을 그려 냅니다. 스무 개의 강을 네 개의 악장에 담아 조용하지만 단단한 울림으로 독자에게 다가가고자 했습니다.

우리는 함께 음악에 대해 질문을 던지며 그 물음 속에서 인간의 마음과 사회, 문화와 철학, 그리고 존재의 의미까지 조금씩 들여다보았습니다. 어쩌면 이 책은 음악을 다루면서도 결국 인간에 대한 이야기를 펼쳐 보인 것일지 모릅니다.

돌이켜보면 음악은 언제나 우리 곁에 있었습니다. 말로는 미처 닿지 못하는 감정을 대변해 주고, 삶의 구석진 곳을 조용히 비추는 빛이 되어 주었습니다. 하지만 너무 가까이 있었던 탓에 우리는 정작 음악이 우리에게 어떤 영향을 미치고 있는지 잊고 지내곤 했습니다.

이 책을 덮는 지금, 음악을 바라보는 당신의 시선에 작은 변화라도 일어났다면 그것만으로 이 여정은 충분한 의미를 지닙니다. 그 변화는 음악을 듣는 '귀'의 변화일 수도, 누군가의 삶에 더욱 깊이 귀 기울이는 '마음'의 변화일 수도 있을 것입니다.

책은 끝났지만, 음악은 끝나지 않습니다. 이제 다시 당신의 삶 속에서 당신만의 리듬과 선율로 새로운 연주가 시작되기를 바랍니다.

이 마지막 장이 당신에게 또 다른 시작의 전주가 되기를 바라며.

끝까지 함께해 주신 모든 분께 깊은 감사를 드립니다. 그리고 무엇보다 이 책이 세상에 나올 수 있도록 사랑과 헌신으로 함께해 주신 상상출판의 모든 관계자분들께도 특별히 감사의 마음을 전합니다.

참고 문헌

1강 우리는 왜 음악을 좋아할까?

1 공자, 『논어』, 『예기(예악편)』, 고전번역원 등 주요 역본 기준.

2 대니얼 J. 레비틴, 『뇌의 왈츠: 세상에서 가장 아름다운 강박』, 장호연 옮김, 마티, 2008.

3 아리스토텔레스, 『정치학』, 천병희 옮김, 숲, 2009.

4 올리버 색스, 『뮤지코필리아: 뇌와 음악에 관한 이야기』, 장호연 옮김, 알마, 2012.

5 플라톤, 『국가』, 박종현 옮김, 서광사, 2005.

6 Aniruddh D. Patel, Music, Language, and the Brain. Oxford University Press, 2008.

7 Patrick Juslin & John Sloboda (Eds.), Handbook of Music and Emotion, Oxford University Press, 2010.

8 Robert Jourdain, Music, the Brain, and Ecstasy: How Music Captures Our Imagination, W. Morrow, 1997

2강 음악은 어떻게 감정을 움직일까?

1 대니얼 J. 레비틴, 『뇌의 왈츠: 세상에서 가장 아름다운 강박』, 장호연 옮김, 마티, 2008.

2 Aniruddh D, Patel, Music, Language, and the Brain, Oxford University Press, 2008.

3 Anne Blood & Robert Zatorre, Intensely pleasurable responses to music correlate with activity in brain regions implicated in reward and emotion, PNAS, 2001.

4 Isabelle Peretz, Music and memory: A review, Annals of the New York Academy of Sciences, 2001.

5 Patrick Juslin & John Sloboda (Eds.), Handbook of Music and Emotion, Oxford University Press, 2010.

6 Tuomas Eerola & Jonna Vuoskoski, The pleasure evoked by sad music is mediated by feelings of being moved, Frontiers in Psychology, 2012.

7 Valorie Salimpoor et al., Anatomically distinct dopamine release during anticipation and experience of peak emotion to music, Nature Neuroscience, 2011.

3강 노래는 왜 인간에게 특별한가?

1 대니얼 J. 레비틴, 『뇌의 왈츠: 세상에서 가장 아름다운 강박』, 장호연 옮김, 마티, 2008.

2 올리버 색스, 『뮤지코필리아: 뇌와 음악에 관한 이야기』, 장호연 옮김, 알마, 2012.

3 Aniruddh D, Patel, Music, Language, and the Brain, Oxford University Press, 2008.

4 Björn Vickhoff et al., Music Structure Determines Heart Rate Variability of Singers, Frontiers in Psychology, 2013.

5 Robert Jourdain, Music, the Brain, and Ecstasy: How Music Captures Our Imagination, HarperCollins, 1997.

4강 음악은 삶을 얼마나 바꿀 수 있을까?

1 대니얼 J. 레비틴, 『뇌의 왈츠: 세상에서 가장 아름다운 강박』, 장호연 옮김, 마티, 2008.

2 올리버 색스, 『뮤지코필리아: 뇌와 음악에 관한 이야기』, 장호연 옮김, 알마, 2012.

3 Aniruddh D, Patel, Music, Language, and the Brain, Oxford University Press, 2008.

4 Björn Vickhoff et al., Music Structure Determines Heart Rate Variability of Singers, Frontiers in Psychology, 2013.

5 Francis Rauscher, Gordon Shaw et al., Music and Spatial Task Performance, Nature, 1993.

6 Robert Jourdain, Music, the Brain, and Ecstasy: How Music Captures Our Imagination, HarperCollins, 1997.

5강 클래식 음악과 대중음악, 무엇이 다를까?

1 사이먼 프리스 외, 『대중 음악의 이해』, 장호연 옮김, 한나래, 2010.

2 알렉스 로스, 『나머지는 소음이다』, 김병화 옮김, 21세기북스, 2010.

3 Richard Taruskin, The Oxford History of Western Music, Oxford Universily Press, 2005.

4 Philip Tagg, Music's Meanings: A Modern Musicology for Non-Musos, The Mass Media Music Scholars' Press, 2012.

6강 왜 배음이 음악의 뿌리인가?

1 대니얼 J. 레비틴, 『뇌의 왈츠: 세상에서 가장 아름다운 강박』, 장호연 옮김, 마티, 2008.
2 David Byrne, How Music Works, McSweeney's, 2012.
3 Richard Parncutt & Bruno Repp (Eds.), Theoretical and Empirical Studies of the Perception of Tonal Structure, Psychology Press, 1997.
4 Robert Jourdain, Music, the Brain, and Ecstasy: How Music Captures Our Imagination, W. Morrow, 1997.
5 Roger Kamien, Music: An Appreciation, McGraw-Hill Education.

7강 음악은 무엇으로 만들어지는가?

1 대니얼 J. 레비틴, 『뇌의 왈츠: 세상에서 가장 아름다운 강박』, 장호연 옮김, 마티, 2008.
2 Aniruddh D, Patel, Music, Language, and the Brain, Oxford University Press, 2008.
3 Leonard B, Meyer, Emotion and Meaning in Music, University of Chicago Press, 1956.
4 Petra Janata et al., The Neural Architecture of Music-Evoked Autobiographical Memories, Cerebral Cortex, 2007.
5 Philip Tagg, Music's Meanings: A Modern Musicology for Non-Musos, The Mass Media Music Scholars' Press, 2012.
6 Richard Taruskin, The Oxford History of Western Music, Oxford University Press, 2005.
7 Robert Jourdain, Music, the Brain, and Ecstasy: How Music Captures Our Imagination, HarperCollins, 1997.

8강 음악은 왜 형식을 필요로 할까?

1 알렉스 로스, 『나머지는 소음이다』, 김병화 옮김, 21세기북스, 2010.

2 찰스 로젠, 『고전적 양식』, 장호연 옮김, 풍월당, 2021.

3 칼 달하우스, 『음악미학(학술 총서5)』, 조영주 외 옮김, 1990.

4 하워드 구달, 『하워드 구달의 다시 쓰는 음악 이야기』, 장호연 옮김, 뮤진트리, 2015.

9강 오케스트라, 수십 개 악기가 어떻게 하나의 음악이 될까?

1 알렉스 로스, 『나머지는 소음이다』, 김병화 옮김, 21세기북스, 2010.

2 하워드 구달, 『하워드 구달의 다시 쓰는 음악 이야기』, 장호연 옮김, 뮤진트리, 2015.

3 Marin Alsop, Conducting for the 21st Century, TED Talk, 2020. https://www.ted.com

4 Robert Greenberg, The Great Masters and History of the Orchestra, The Teaching Company, Lecture Series Course Guidebook.

10강 AI가 만든 음악도 예술이라 할 수 있을까?

1 마커스 드 사토이, 『창조력 코드』, 박유진 옮김, 북라이프, 2020.

2 에드워드 사이드, 다니엘 바렌보임, 『평행과 역설』, 노승림 옮김, 마티, 2011.

11강 왜 나라마다 음악이 다를까?

1 Bruno Nettl, The Study of Ethnomusicology: Thirty-Three Discussions, University of Illinois Press, 2005.

12강 음악은 왜 신에게 바쳐졌을까?

1 멀치아 엘리아데, 『성(聖)과 속(俗)』, 이동하 옮김, 학민사, 1997.

2 아우구스티누스, 『고백록』, 김희보 옮김, 동서문화사, 2008.

3 Boethius, De Institutione Musica, translated in Oliver Strunk (ed.), Source Readings in Music History, Norton, 1950.

4 Guy L. Beck, Sacred Sound: Experiencing Music in World Religions, Wilfrid Laurier University Press, 2006.

5 Harold Coward & David Goa (eds.), Music and Religious Experience, State University of New York Press, 2004.

6 Jeremy S. Begbie, Resounding Truth: Christian Wisdom in the World of Music, Baker Academic, 2007.

7 Jonathan P.J. Stock & Chou Chiener, Musics of East Asia, Oxford University Press, 2022.

8 Kristina Nelson, The Art of Reciting the Qur'an, University of Texas Press, 1985.

9 Owen Wright, Music and Islamic Culture in the Eastern Mediterranean: The Ottoman Empire and the Arab World, Ashgate, 2015.

13강 음악은 무엇을 말하고자 하는가?

1 박영욱, 『철학으로 현대음악 읽기』, 바다출판사, 2024.

2 프리드리히 니체, 『비극의 탄생』, 박찬국 옮김, 아카넷, 2007.

3 Roger Scruton, Understanding Music: Philosophy and Interpretation, Continuum, 2009.

4 Jerrold Levinson (ed.), The Oxford Handbook of Aesthetics, Oxford University Press, 2003.

14강 왜 서양 음악사에는 여성 작곡가가 보이지 않을까?

1 에이미 비치, 플로렌스 프라이스 등 작곡가 관련 논문 또는 해설집(악보 출판 포함).

2 진은숙, 작곡가 진은숙 작품 해설집, 서울시립교향악단, 2020.

3 Bachtrack. "Classical Music Statistics 2020–2023." https://bachtrack.com/classical-music-statistics-2023

4 Kaija Saariaho et al., Visions, Narratives, Dialogues, Routledge, 2017.

5 Laura T. Tic, Women Making Music: The Western Art Tradition, 1150-1950, University of Illinois Press, 1986.

6 Marilyn McCoy et al., The Norton/Grove Dictionary of Women Composers, Norton, 1995.

15강 음악은 어떻게 저항의 무기가 되었을까?

1 백기완 시, 김종률 작곡, 〈임을 위한 행진곡〉, 1982.

2 위르겐 하버마스, 『공론장의 구조변동』, 한승완 옮김, 나남출판, 2001.

3 Bob Dylan, "Blowin' in the Wind." The Freewheelin' Bob Dylan, Columbia Records, 1963.

4 Hong Kong citizens collective 작곡, 〈Glory to Hong Kong〉, 2019.

5 Jacques Rancière, The Politics of Aesthetics, Gabriel Rockhill (trans.), Continuum, 2004.

6 John Lennon, Imagine, Apple Records, 1971.

7 Mercedes Sosa, Gracias a la Vida. Philips, 1971.

8 Paul, Ricoeur, Memory, History, Forgetting, Univ of Chicago Pr, 2006.

9 Shervin Hajipour, Baraye, Persian single, 2022.

10 Víctor Jara, Te Recuerdo Amanda, DICAP, 1969.

16강 천재는 만들어지는 걸까?

1 말콤 글래드웰, 『아웃라이어』, 노정태 옮김, 김영사, 2009.

2 앤절라 더크워스, 『그릿』, 김미정 옮김, 비즈니스북스, 2016.

3 제임스 팰런, 『사이코패스 뇌과학자』, 김미선 옮김, 더퀘스트, 2020.

4 하워드 가드너 외, 『세계의 다중지능교육』, 교육과학사, 2020.

5 Anders Ericsson, Peak: Secrets from the New Science of Expertise, Houghton Mifflin Harcourt, 2016.

17강 예술가에게 고통은 선물일까, 저주일까?

1 메이너드 솔로몬, Beethoven. Schirmer Books, 1998.

2 베토벤, 『하일리겐슈타트 유서』, 원문 및 학술 번역 참고.

3 조수철, 『베토벤의 삶과 음악세계』, 서울대학교출판문화원, 2016.

4 프리드리히 실러, 『환희에 부쳐』, 베토벤 교향곡 제9번 가사 원전.

5 엄기호, 『고통은 나눌 수 있는가』, 나무출판, 2018.

18강 예술은 권력에 타협할 수 있을까?

1 리하르트 슈트라우스, Metamorphosen, 1945, 작품 해설 및 편지 사료 기반.

2 베르톨트 브레히트, 『브레히트 시선』, 백승희 옮김, 민음사, 2006.

3 에드워드 사이드, 다니엘 바렌보임, 『바렌보임과 사이드, 음악을 말하다』, 유강은 옮김, 마티, 2004.

4 엘리자베스 윌슨, 『쇼스타코비치, 공포와 창조의 시대』, 박종훈 옮김, 책읽는수요일, 2011.

5 장세진. 『안익태: 애국가 작곡가의 진실』, 돌베개, 2020.

6 조슈아 벨러, 『음악과 전체주의: 나치 시대의 예술과 정치』, 정인섭 옮김, 모노폴리, 2016.

7 Pablo Casals, Joys and Sorrows: Reflections by Pablo Casals, Simon & Schuster, 1970.

8 Claude Samuel et al., Olivier Messiaen: Music and Color, Eerdmans, 1995.

19강 예술가의 삶과 작품은 별개로 봐야 할까?

1 롤랑 바르트, 『텍스트의 즐거움』, 김치수 외 옮김, 문예출판사, 1997.

2 리하르트 바그너, 〈음악 속의 유대인〉, 1850, 원문 참조.

3 아리스토텔레스, 『수사학/시학』, 천병희 옮김, 숲, 2017.

4 에드워드 사이드, 다니엘 바렌보임, 『바렌보임과 사이드, 음악을 말하다』, 유강은 옮김, 마티, 2004.

5 장세진, 『안익태: 애국가 작곡가의 진실』, 돌베개, 2020.

6 플라톤, 『국가』, 박종현 옮김, 서광사, 2005.

7 Clive Bell, Art. Chatto & Windus, 1914.

8 Philip Glass, Words Without Music: A Memoir. Liveright, 2015.

20강 예술은 어떻게 삶을 지탱하는가?

1 알랭 드 보통, 『일의 기쁨과 슬픔』, 정영목 옮김, 은행나무, 2012.

2 알렉스 로스, 『나를 미치게 하는 음악』, 김정민 옮김, 열림원, 2011.

3 Michael Petry, The Art of Not Making: The New Artist/Artisan Relationship, Thames & Hudson, 2012.

우리는 왜 음악을 듣는가

초판 1쇄   2025년 10월 29일

지은이   전기홍

발행인   유철상
책임편집   성도연
편집   김정민
디자인   노세희, 주인지
마케팅   조종삼

펴낸곳   상상출판
출판등록   2009년 9월 22일(제305-2010-02호)
주소   서울특별시 동대문구 왕산로28길 37, 2층
전화   02-963-9891(편집), 070-8854-9915(마케팅)
팩스   02-963-9892
전자우편   sangsang9892@gmail.com
홈페이지   www.esangsang.co.kr
블로그   blog.naver.com/sangsang_pub
인쇄   다라니
종이   ㈜월드페이퍼

ISBN 979-11-6782-225-3(03670)

※ 이 책은 2023년도 서울시립대학교 연구년교수 연구비에 의하여 연구되었습니다.
※ 굿네이버스 국내 자립준비청년(보호종료아동) 지원 캠페인으로 인세는 전액 후원됩니다.